城市交通信号控制实战应用
——以北京城市副中心为例

王 亮 赵 磊 赵新勇 胡晓健 马旭光 著

东南大学出版社
SOUTHEAST UNIVERSITY PRESS
·南京·

内 容 提 要

本书共分六章,主要内容包括:绪论、路口交通信号控制、行人过街信号控制、路段交通信号控制、中心平台控制及自适应云算信号控制。本书在回顾交通信号控制技术理论的基础上,针对北京城市副中心典型道路交叉口、行人过街路口、重要路段的信号控制应用实践,系统地总结了不同交通场景信号控制策略的制定以及创新应用,以期能够为提升城市道路交通信号控制应用精细化智能化水平提供参考,为城市经济社会发展和人民群众出行营造有序、安全、畅通的道路交通环境。

本书对广大交通技术方案优化人员和管理人员具有较强的应用参考价值。

图书在版编目(CIP)数据

城市交通信号控制实战应用:以北京城市副中心为例/王亮等著.—南京:东南大学出版社,2022.7
 ISBN 978-7-5766-0141-1

Ⅰ.①城… Ⅱ.①王… Ⅲ.①市区交通-交通信号-自动控制-通州区 Ⅳ.①U491.5

中国版本图书馆 CIP 数据核字(2022)第 107863 号

责任编辑:马伟 责任校对:韩小亮 封面设计:顾晓阳 责任印制:周荣虎

城市交通信号控制实战应用——以北京城市副中心为例

著　　者:王亮 赵磊 赵新勇 胡晓健 马旭光
出版发行:东南大学出版社
社　　址:南京四牌楼 2 号　邮编:210096　电话:025-83793330
网　　址:http://www.seupress.com
电子邮件:press@seupress.com
经　　销:全国各地新华书店
印　　刷:广东虎彩云印刷有限公司
开　　本:700mm×1 000mm　1/16
印　　张:8.75
字　　数:152 千字
版　　次:2022 年 7 月第 1 版
印　　次:2022 年 7 月第 1 次印刷
书　　号:ISBN 978-7-5766-0141-1
定　　价:49.00 元

本社图书若有印装质量问题,请直接与营销部调换。电话(传真):025-83791830

前　言

随着国民经济的快速发展,城市机动车保有量增长迅速,道路交通供需矛盾突出,交通拥堵等社会问题日益加剧,我国城市交通面临着严峻的考验。交叉口是城市道路通行的关键节点和枢纽,其运行情况直接影响城市路网的安全与畅通。因此,在有限的道路空间、经济和环境条件约束下,提高交叉口的通行效率是缓解当前城市交通拥堵的重要措施。

智能交通信号控制是城市道路交叉口管理的核心,也是缓解交叉口拥堵和提高通行效率的有效手段。通过精细化智能化的城市道路交通信号控制,设计满足不同时段交通流运行特点的配时方案,灵活采用单边轮放、搭接相位、二次放行、迟起早断等相位设计方法,使放行时间与交通流需求相一致,减少交叉口冲突,实现车辆少停车、不停车连续通过相邻交叉口的效果,切实保障城市道路出行的安全和畅通,达到缓解交通拥堵和降低尾气排放污染的目的。同时,先进的交通信号控制系统,也将提高交通管理的科学化、智能化水平,提高交通管理工作效率。

北京城市副中心自成立以来,在迎来全新发展机遇的同时,也带来了大量的人口迁徙。道路行驶机动车数量急剧增加,交通供需矛盾逐渐加大,城市副中心的交通管理工作面临前所未有的挑战。为应对新时期的道路交通管理,缓解由于交通需求增加导致的交通拥堵问题,城市副中心组织实施了交通信号控制系统的全面升级,进行了全区范围路口的精细化智能化控制应用,路网通行能力和运行效率提升显著,保障了城市副中心道路交通运行的安全和高效。本书是对北京城市副中心信号控制系列应用的整理和总结,供广大交通技术方案优化人员和管理人员应用参考。

本书共分为六章,第一章重点介绍交通信号控制技术和北京城市副中心概况,第二章重点介绍单点信号控制及应用案例,第三章重点介绍行人过街信号控制及应用案例,第四章重点介绍路段信号控制及应用案例,第五章重点介绍中心信号控制平台及应用案例,第六章重点介绍自适应云算平台及应用案例。

本书是作者对多年北京城市副中心信号控制应用实践经验的总结,其内容将在作者今后的信号控制应用探索和实践中不断丰富和完善。由于作者水平有限,书中不足之处,望广大读者批评指正。

本书的编撰整理,特别感谢林军、佘红艳、刘春瑞、刘广磊、翟云峰、王孟孟、仇天然、董芊里、李姗、邵婷婷、刘瑞远、顾惠楠、张鹏、原明、王欢、郭安安、彭立、王颖等的帮助,特此感谢大家的宝贵建议和辛勤付出。

著者

2022 年 7 月 10 日

目　录

1 绪论 ··· 001
　1.1 交通信号控制技术 ·· 001
　　1.1.1 交通信号控制基本概念 ··· 001
　　1.1.2 交通信号控制分类 ·· 003
　　1.1.3 交通信号控制目标 ·· 005
　1.2 北京城市副中心信号控制简介 ·· 006
　　1.2.1 道路交通规划 ··· 006
　　1.2.2 信号控制背景 ··· 007
　　1.2.3 信号问题概述 ··· 008
　1.3 北京城市副中心交通信号控制应用 ··· 008
　1.4 小结 ··· 011

2 路口交通信号控制 ··· 012
　2.1 多时段信号控制 ·· 012
　　2.1.1 日信号控制方案 ··· 012
　　2.1.2 周信号控制方案 ··· 015
　　2.1.3 节假日信号控制方案 ··· 016
　2.2 多相位信号控制 ·· 017
　　2.2.1 标准两相位 ·· 018
　　2.2.2 标准四相位 ·· 019
　　2.2.3 单边轮放 ·· 019
　　2.2.4 搭接相位 ·· 020
　　2.2.5 二次相位 ·· 021
　2.3 现场手动控制 ·· 022
　　2.3.1 信号机控制面板 ··· 023
　　2.3.2 遥控器 ·· 024
　　2.3.3 应用场景 ·· 025

- 2.4 协调联动 ·· 026
  - 2.4.1 咬合式放行 ·· 026
  - 2.4.2 同步式放行 ·· 033
  - 2.4.3 齿轮式放行 ·· 038
  - 2.4.4 大小周期式放行 ······································ 043
- 2.5 可变车道控制 ·· 047
  - 2.5.1 概念 ·· 047
  - 2.5.2 基本原理 ·· 047
  - 2.5.3 控制方法 ·· 048
  - 2.5.4 案例介绍 ·· 050
- 2.6 可变信号灯控制 ·· 050
  - 2.6.1 概念 ·· 050
  - 2.6.2 基本原理 ·· 050
  - 2.6.3 控制方法 ·· 050
  - 2.6.4 案例介绍 ·· 051
- 2.7 反溢控制 ·· 054
  - 2.7.1 概念 ·· 054
  - 2.7.2 基本原理 ·· 055
  - 2.7.3 控制方法 ·· 055
  - 2.7.4 案例介绍 ·· 055
- 2.8 借道左转 ·· 056
  - 2.8.1 概念 ·· 056
  - 2.8.2 基本原理 ·· 057
  - 2.8.3 控制方法 ·· 058
  - 2.8.4 案例介绍 ·· 059
- 2.9 感应控制 ·· 063
  - 2.9.1 概念 ·· 063
  - 2.9.2 基本原理 ·· 064
  - 2.9.3 控制方法 ·· 064
  - 2.9.4 案例介绍 ·· 064
- 2.10 小结 ··· 065

3 行人过街信号控制 ··· 066
- 3.1 行人过街自适应控制系统 ································ 066
  - 3.1.1 现状概述 ·· 066

3.1.2　系统内容 ………………………………………… 066
　　3.1.3　设置条件 ………………………………………… 071
　　3.1.4　应用案例 ………………………………………… 071
3.2　行人二次过街 …………………………………………… 072
　　3.2.1　概述 ……………………………………………… 072
　　3.2.2　设置标准 ………………………………………… 072
　　3.2.3　应用案例 ………………………………………… 074
3.3　行人专用相位 …………………………………………… 079
　　3.3.1　概述 ……………………………………………… 079
　　3.3.2　设置条件 ………………………………………… 080
　　3.3.3　应用案例 ………………………………………… 080
3.4　小结 ……………………………………………………… 081

4　路段交通信号控制 ………………………………………… 082
4.1　路段交通信号控制基础 …………………………………… 082
　　4.1.1　基本参数 ………………………………………… 082
　　4.1.2　子区划分 ………………………………………… 083
　　4.1.3　协调条件 ………………………………………… 083
4.2　绿波控制 ………………………………………………… 084
　　4.2.1　单向绿波控制 ……………………………………… 084
　　4.2.2　双向绿波控制 ……………………………………… 087
　　4.2.3　分段绿波控制 ……………………………………… 089
　　4.2.4　分时绿波控制 ……………………………………… 093
4.3　红波控制 ………………………………………………… 096
　　4.3.1　适用条件 ………………………………………… 097
　　4.3.2　问题分析 ………………………………………… 097
　　4.3.3　解决方案 ………………………………………… 097
　　4.3.4　优化效果 ………………………………………… 098
4.4　潮汐控制 ………………………………………………… 099
　　4.4.1　适用条件 ………………………………………… 099
　　4.4.2　问题分析 ………………………………………… 099
　　4.4.3　解决方案 ………………………………………… 100
　　4.4.4　优化效果 ………………………………………… 102
4.5　均衡控制 ………………………………………………… 102
　　4.5.1　适用条件 ………………………………………… 102

4.5.2 问题分析 ………………………………………………… 103
4.5.3 解决方案 ………………………………………………… 103
4.5.4 优化效果 ………………………………………………… 105
4.6 预案特勤控制 …………………………………………………… 105
4.6.1 概述 ……………………………………………………… 105
4.6.2 实现方法 ………………………………………………… 106
4.6.3 适用条件 ………………………………………………… 112
4.6.4 案例介绍 ………………………………………………… 113
4.6.5 优化效果 ………………………………………………… 113
4.7 小结 ……………………………………………………………… 114

5 中心平台控制

5.1 概述 ……………………………………………………………… 115
5.2 平台架构 ………………………………………………………… 115
5.3 平台功能 ………………………………………………………… 116
5.3.1 区域通信控制服务 ……………………………………… 116
5.3.2 系统运行监测 …………………………………………… 116
5.3.3 交通信号控制 …………………………………………… 117
5.3.4 数据分析 ………………………………………………… 119
5.3.5 运行记录 ………………………………………………… 119
5.3.6 系统管理 ………………………………………………… 120
5.4 小结 ……………………………………………………………… 121

6 自适应云算信号控制

6.1 概述 ……………………………………………………………… 122
6.2 自适应云算平台 ………………………………………………… 123
6.2.1 数据融合 ………………………………………………… 123
6.2.2 平台功能 ………………………………………………… 124
6.2.3 应用场景 ………………………………………………… 126
6.3 案例介绍 ………………………………………………………… 128
6.4 小结 ……………………………………………………………… 130

参考文献 ……………………………………………………………… 131

1 绪 论

随着我国城市经济的快速发展,以及汽车保有量持续增长,城市道路交通拥堵问题日益严重。城市交通拥堵与否在很大程度上取决于路网中相关交叉口运行情况。据有关资料统计,车辆在城市中的行程时间约有1/3耗费在交叉口。因此,在有限的空间、经济和环境条件约束下,如何提高交叉口通行效率是缓解城市道路交通拥堵的关键。目前全国各地交通信号控制应用水平参差不齐,对信号控制工作的认识也不尽相同,在人力及费用等方面的投入力度差距较大。近几年的市场调查结果显示,城市居民对交通信号控制应用效果不满意度比例接近六成,意味着全国很多城市的信号控制精细化智能化水平还存在很大的提升空间。

城市交通信号控制作为城市智慧交通的核心组成部分,其核心目标是提高交叉口通行效率、干线协调通行能力和路网交通均衡控制水平,减少交叉口冲突,提高行人及非机动车过街的安全性,并能满足特殊条件下的信号控制需求(如特勤控制、反溢控制、人工控制等),从而缓解城市交通拥堵、减少交通事故、保障道路安全畅通,同时提高交通管理的科技含量、科学化水平和工作效率。

1.1 交通信号控制技术

1.1.1 交通信号控制基本概念

交通信号控制属于交通管理范畴,当在空间上无法分离相冲突的道路交通流时,交通信号控制是通过在时间上合理分配冲突交通流通行权的一种交通管理措施。交通信号控制对于组织、指挥和控制交通流的流向、流量、流速,维护交通秩序等均有重要作用,从时间上将相互冲突的交通流予以分离,使其在不同时间有序通过路口,并保证行车安全,提高了路口通行效率和通行能力,并且可以减少噪声污染,降低汽车尾气引起的空气污染等问题。

信号周期：是指信号灯不同灯色显示的一个完整的时序过程。

周期时长：交通信号灯不同灯色变化一次显示时间的总和。

如图 1-1 所示，信号灯的绿灯—黄灯—红灯的完整变化过程为一个信号周期，而信号灯绿灯时间、红灯时间及黄灯时间灯色变化显示的总和就是信号周期时长 T_n。

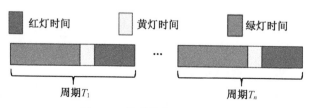

图 1-1　信号周期及周期时长

信号相位：在一个信号周期内，一股或多股交通流在任意时刻都获得相同的信号灯色显示，将其获得的不同灯色显示的连续时序称为一个信号相位，信号相位示意如图 1-2 所示。

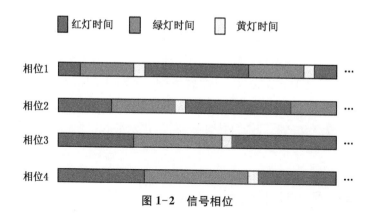

图 1-2　信号相位

绝对相位差：在多路口信号联动控制中，绝对相位差是指将某个预先选定的交叉口定义为基准交叉口，其他各路口绿灯起始时间相对于基准交叉口绿灯起始时间的差的绝对值称为绝对相位差。

相对相位差：在多路口信号联动控制中，相对相位差是指相邻两个交叉口协调相位的绿灯起始时间之差。

绿信比：一个信号周期内，有效绿灯时长与周期时长的比值，称作绿信比 λ。假设一个周期内的有效绿灯时长是 g，周期时长是 T，那么绿信比就是 $\lambda = g/T$。

1.1.2 交通信号控制分类

1) 按控制范围划分

（1）单点控制

单点控制是针对单个路口制定的最基础的信号控制形式，单点控制方案仅依照该交叉口交通流量特征进行独立的信号控制，不需要考虑上下游相邻路口的协调联动效果。因此，单点控制适用于相邻交叉口距离较远，或交叉口流量波动性强且无法与上下游交叉口进行协调的交叉口。

（2）干线协调控制

干线协调控制是将一条干线视为整体进行整条线路信号控制方案设计的控制方式，干线协调控制的表现形式又可分为绿波控制、红波控制、潮汐控制、均衡控制等。虽然表现形式不同，但内涵基本都是对整条干线上行驶车辆的停车次数和分布进行调控，最终实现干线整体通行效率提升及驾驶员体验改善的目的。

虽然干线协调控制可以有效调节干线流量分布及车辆停车次数，但并不是所有城市的干线道路都适合采用干线协调控制策略，要满足空间距离、路口规模、流量特征、相交支路等方面要求。强行进行干线协调控制，往往会弊大于利，有违交通信号控制初衷。

（3）区域协调控制

区域协调控制是对区域内多个交叉口进行整体考虑，各交叉口之间以保障整体区域流量均衡和效率最大为目标，满足区域协调联动控制效果。通常将区域按照交叉口流量需求特征划分为若干个子区，子区内交叉口统一信号周期，满足子区效率最优。区域协调控制可以看作干线协调控制由"线"到"面"的扩大。

2) 按控制方式划分

（1）定时控制

定时控制，又称定周期信号控制，其信号控制方案周期、绿信比等信号控制参数固定不变，即交叉口交通信号控制机按照事先设定好的配时方案运行。

定时控制由于信号控制方案各项参数固定不变，所以较适用于交通流量波动较小的交叉口，也适用于信控相位较少的交叉口。但是由于某种原因导致交通流量特征发生变化时，需要及时调整各项参数。定时控制相较于其他控制方式具有建设和维护成本低的优点，且因各项参数固定易于与其他路口进行协调控制。正因如此，定时控制很难根据突发的交通流量特征变化做出相应的方案调整，更多的还需要依靠人工经验进行调整优化。

（2）感应控制

感应控制是根据当前较短时间内进口道交通流变化而实时调整当前信控方案的控制方式。其工作原理是依据进口道检测器检测交通需求的变动来改变当前方案绿灯时间，根据检测器的设置和感应相位选择的不同，感应控制又分为半感应控制和全感应控制。

半感应控制能够有效地保障主干路方向协调效果，并且在平峰时期能够有效减少主路直行方向车辆的通行延误，半感应控制示意图如图1-3所示。

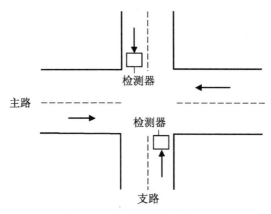

图 1-3 半感应控制示意图

全感应控制适用于道路等级相当、交通需求相近且变化较大的交叉口，其通过实时地回馈交通需求实现通行延误的大幅缩减。但是由于全感应控制需要在各个进口方向安装检测器，致使全感应控制的造价高于其他控制模式。全感应控制示意图如图1-4所示。

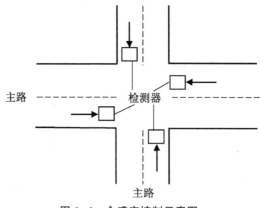

图 1-4 全感应控制示意图

(3) 自适应控制

自适应控制是在对实时交通流进行检测的基础上,建立实时交通流模型,根据实时模型和预测进行信号最优控制。自适应控制的目的是保持最优的交通流控制,即使在交通流状况发生重大变化时也是如此,也就是说,自适应控制具备根据交通流的短期或长期波动而自动改变配时的能力。例如把交通系统作为一个不确定性系统,连续测量其状态,如流量、停车次数、延误时间、排队长度等,逐渐了解和掌握控制对象,把它们与希望的动态特性进行比较,并利用差值以改变系统的可调参数或产生一个控制,从而保证不论环境如何变化,均可使控制效果达到最优或者次最优。

自适应控制可以分为方案选择式和方案生成式。方案选择式的特点是可以根据网络的特征进行子区划分,针对不同类型的子区,在控制系统的数据库中保存相对应的控制策略和方案,当出现相应的交通流状态时,选择相应的配时策略和方案。方案生成式的特点是根据实时采集的交通流数据,实时计算出最优的交通信号控制参数,形成信号控制配时方案。

自适应控制在当前信号控制领域是一种较为先进的控制方式,但是在实际应用中,自适应控制对设备、检测等方面的要求较高,需要投入的建设成本亦较高。

1.1.3 交通信号控制目标

具体而言,城市道路交通信号控制目标可总结为以下五个方面:

(1) 提高出行效率,降低交通延误

通过交通信号控制策略制定和精细化信号配时,调整符合城市动态波动交通流的管理和控制需求,能够极大地提高路口、路段、区域交通的运行效率,减少相关优化对象的停车延误和行程延误,提高道路的通行能力和畅通水平,改善居民出行环境和体验。

(2) 减少交通事故,提高出行安全

合理的因地制宜的信号控制可以把相互冲突的车流和行人从时间和空间上进行分离,使不同交通参与者能够各行其道,减少其相互间的冲突和干扰,从而避免交通事故的发生,提高道路出行安全。

(3) 改善公交服务,减少交通负荷

在城市道路公共交通信号控制中,可采用公交信号优先的方式,给予公共交通优先放行信号,减少公共交通等待延误,缩短公共交通行程时间,提高城市公交系统运行效率,从而加强公共交通系统对城市居民的吸引力,引导城市居民转变出行方式,有效降低城市路网交通负荷。

(4) 降低环境污染,节省能源消耗

实施交通控制可以减少汽车的停车次数,并使车辆在较佳的运行状态下运行,从而可以减少尾气污染和能源消耗。

(5) 优化资源配置,合理利用设施

通过主动控制和被动控制相结合,在调整信号控制的同时,应配套规范完善的道路交通基础设施,强化交通基础设施的管控作用,优化交通基础设施的配置,提高基础设施的有效使用率。

1.2 北京城市副中心信号控制简介

1.2.1 道路交通规划

2015 年 7 月 11 日,中共北京市委十一届七次全会审议通过了《京津冀协同发展规划纲要》,会议明确通州正式成为北京城市副中心。通州区境内拥有密集的公路路网、便捷的轨道交通和重要的铁路大动脉。京哈、京沪、京津高速等 5 条高速路穿境而过,拥有 5 条连接北京中心城的干线通道,1 条直接连接首都机场 3 号航站楼的快速路,4 条联系天津滨海新区的交通通道,3 条联通其他地方的高速路,已建成的六环路、地铁八通线和规划的 M6、M6 支、M1 支、S6、S5、S3、R1、R1 支八条轨道交通贯穿全境,新北京东站已确定落户通州,立体式交通网络将通州新城与环渤海多个城市中心紧密相连。

在北京城市副中心的建设过程中,做好城市交通规划尤为重要。交通规划工作要树立"大交通观",着眼京津冀协同发展的大背景,统筹解决交通问题;要高水平规划,打通城市的"血脉",不仅要让"主动脉"畅通,还要让"毛细血管"也畅通,增加"血流"速度;要坚持以人为本,构建方便快捷的城市交通体系;要坚持绿色交通理念,构建和谐宜居之区。

北京城市副中心交通保障能力的提升是当前副中心发展的重要任务。结合京津冀协同发展和中心城功能疏解,优化城市副中心空间结构与功能布局,充分预留重大交通设施发展空间,坚持交通基础设施先行,以绿色和智慧交通为导向,构建与城市副中心定位相匹配的现代化综合交通运输体系;充分发挥轨道交通的先导作用。加快京唐、京滨城际铁路建设,推动八通线南延、M7 线东延、城际铁路联络线(S6线)、市域(郊)铁路等多层次轨道线网建设,完善城市副中心与中心城、其他新城及周边区域的轨道连接,引导城市沿轨道走廊有序发展。结合环球影城等功能区规划,进一步完善城市副中心轨道网规划并推进建设;推动完善副中心综合交通体系。结合城市副中心功能定位,优化调整东六环路、东部发展带联络线、京哈高速等道路功能,建设广渠路、通怀路、潞苑北大街等主要道路,研究构建副中心快速环路,进一步优化内部道路网规划布局。推动建设新北京东站、北苑等客运枢纽,形成面向京津冀、与城市功能区紧密结合的多层次客运枢纽体系。构建绿色交通体系,规划层次功能明确、快普支线结合的地面公交系统,推进城市副中心与中心城之间大容量快速公交的规划建设。完善轨道交通接驳系统,改善自行车步行环境,增加公共自行车规模。研究制定区域交通需求管理政策,推动建立智能交通管理与服务平台,提高交通管理和服务水平。

1.2.2 信号控制背景

通州区位于北京市东南部,京杭大运河北端,地处北京长安街延长线东端。西临朝阳区、大兴区,北与顺义区接壤,东隔潮白河与河北省三河市、大厂回族自治县、香河县相连,南和天津市武清区、河北省廊坊市交界。东西宽 36.5 km,南北长 48 km,面积 906 km^2。通州区辖 11 个街道、10 个镇、1 个民族乡:永顺镇、梨园镇、宋庄镇、漷县镇、张家湾镇、马驹桥镇、西集镇、永乐店镇、潞城镇、台湖镇、于家务回族乡、中仓街道、新华街道、玉桥街道、北苑街道、潞源街道、通运街道、文景街道、九棵树街道、临河里街道、杨庄街道、潞邑街道。通州区的核心区域紧邻北京中央商务区(CBD),西距国贸中心 13km,北距首都机场 16 km,东距塘沽港 100 km,素有"一京二卫三通州"之称,位于环渤海经济圈中的核心枢纽部位。

2019 年 1 月 11 日,经国务院批准,北京市人民政府机关由东城区搬迁至通州区,即日起正式在新址办公。随着副中心搬迁工作的全面启动,据相关数据显示,副中心的搬迁将带来近 40 万辆车的日交通量增长,副中心的交通压力陡增,交通拥堵等"城市病"已成为广大群众反映强烈和社会各界普遍关注的焦点,迫切地需要缓解交通压力的办法,促进城市副中心的健康稳定发展。新建道路等增加交通供给的方式是缓解交通压力的一种可行方法,但是投资大、耗时长且受区域拆迁的限制,很难实施。与之相比,持续的信号优化成本低、见效快,能够调控均衡重点路口、路段、区域的交通需求,使路口、路段、区域的放行效率达到最优,同时通过联网协调特定路段或区域内的车辆通行,可使整体的交通通行达到最优。因此,实施大范围的信号优化调整对缓解北京城市副中心面临的新的交通压力具有重要意义。

1.2.3　信号问题概述

（1）信控设备老旧，导致故障频发

路口交通信控设备使用时间较长，普遍存在设备老旧、智能化不足的问题，无法满足日益增加的交通流对交通配套设备智能水平的要求。同时，由于建设时间较长，设备故障率较高，一方面增加了设备维护费用和工作压力，另一方面，交通信号控制设备的故障频发存在较大的交通安全隐患。

（2）设备单点运行，缺乏集中管控

路口信号机品牌杂乱且均为单点运行状态，缺乏信号控制平台对前端各设备进行集中管控的能力。因此无法根据干线、区域整体交通流运行状态开展信控方案设计和优化工作，导致区域整体信号控制联动性较差。

（3）前端感知不足，无法支撑应用

前端交通流采集设备缺失导致交叉口交通流运行数据和状态无从获取，管理者缺乏对交叉口实际交通状况的全面掌握。前端感知数据缺失致使感应控制、自适应控制等可以实现信控方案自动调节的控制模式无法落地应用。

（4）信控方案单一，精细化水平不高

辖区内路口信号控制方案需要根据变化的交通需求因地制宜的精细化设计。辖区内路口全天基本使用一套信号控制方案，方案与全天不断变化的交通流匹配度不足，导致时间利用率不足、红灯排队、绿灯空放等问题较为普遍。

（5）拥堵发现滞后，管理模式单一

对于配时不合理导致拥堵的路口，只能通过人工巡查以及市民反馈等途径发现问题，发现问题时已经造成较为严重的拥堵。依靠人工发现问题的手段较为滞后，且对问题发生的原因、严重程度、发展趋势缺乏定量而准确的认识。

（6）信控模式简单，依赖人工经验

大部分路口采用单点定周期控制模式，往往是在发现交通问题后才会对方案进行人工优化。优化方案也是人工根据经验设计，数据的获取也只能通过人工调查，费时费力。一旦遇到较为复杂的区域协调问题，根据人工经验和人工调研结果设计出的信号控制方案运行效果得不到保障。

1.3　北京城市副中心交通信号控制应用

通州区交通信号控制应用，在前期完成信号控制设备智能化升级的基础上，结合通州区具体的交通特征和未来规划情况,对信号控制路口的交通状况及控制方式进行充分调研,因地制宜地制定了相应的信号控制策略和精细化配时方案。同时,采用规范化和定制化相结合的交通信号优化管理模式,周期性巡查以及时发现问题并跟踪改善。辅助利用信号优化工具和交通仿真技术,持续提升城市交通信号控制应用水平,最终达到缩短交通控制区域内车辆停车延误、减少停车次数、降低交通事故的目的。

城市副中心交通信号控制优化综合运用了 16 种信号控制手段,实现了"点""线""面"三个维度的信号控制策略应用,具体可概括如下:

(1) 多时段、多相位控制

按照全天不同时段流量变化特征和流量分布情况进行了多时段划分,副中心区域路口平均时段划分超过 6 个,其中潞河医院路口时段划分多达 14 个。同时,根据各路口特征制定了各时段最优的放行相位组合方式,以此提高信控方案与流量的匹配度,最大限度地提高路口通行效率。

(2) 现场手动控制

针对副中心现场手动控制需求,为区域内所有路口定制了一套易于使用的现场手动控制相位组合方案,同时配备了信号机遥控控制设备,覆盖全区主要路口及民警特殊需求路口,满足日常勤务需求,保障现场手动控制高效便捷。

(3) 联动控制

根据部分相邻路口的实际特点和需要,采用路口联动控制策略,在单点控制基础上通过对两个距离相近路口的相位、周期、相位差等参数的优化调整,使两个路口车辆放行方式相互协调,提高路口的放行效率,包括同步式协调、大小周期式协调、接尾式协调等手段。

(4) 可变车道控制

城市副中心信号控制实战应用工作在保障时间利用率最大化的同时,为提高空间利用率,提升道路空间与交通需求的匹配度,运用可变车道控制手段,可变调整车道类型,满足变化的交通流量需求。

(5) 可变信号灯控制

基于国家标准中关于夜间两相位的应用描述,创新应用可变信号灯满足部分路口运行夜间两相位时对信号灯具的要求,有效缩减路口低峰期交通延误时间和绿灯空放时间。

(6) 反溢控制

针对副中心以往易发生反溢导致路口卡死的点位,实施"反溢控制",利用反溢检测器和信号机组成的反溢系统,在自动感知下游路口车辆排队即将排至上游路口时,提前自主切断来车方向绿灯,阻止车辆继续驶入路口导致"卡死"现象。

(7) 借道左转

针对梨园南街与临河里路交叉口东进口左转车辆排队过长问题,经过详细地调研与分析,设计采用借道左转的交通组织方式,通过借用对向出口道空间设置左转车道,并合理设置信号控制方式,巧妙利用交叉口的时间、空间关系提高左转车辆通行能力。

(8) 感应控制

利用路口各进口道设置的视频流量检测器,与信号机配合实现路口单点感应控制,即信号方案各方向放行时间根据检测器检测到的实时车流量数据而变化,以此降低通行延误、减少停车次数,提高交叉口的通行效率。

(9) 行人过街自适应

考虑部分行人过街路口人流量分布不均,导致车辆无效等待,车辆通行效率低等问题,副中心信号控制实战应用过程中采用了行人过街自适应系统,集自动感知行人过街需求与自主判断相位切换为一体,利用行人检测单元、智能信号机、语音提示柱、发光道钉、地埋灯等构建行人过街智慧应用。行人过街自适应系统在无行人过街需求时,优先保障机动车通行,避免空放;在检测到有行人过街需求时,切换行人相位保障行人过街需求。行人过街后继续切回机动车相位,提高路段整体的通行效率。

(10) 行人二次过街

为解决大型路口斑马线过长导致的行人无法一次性通过的问题,采用行人二次过街方式,为交通弱势群体带来方便的同时,也降低了行人闯红灯的概率,保障了行人过街的安全性。此外,行人二次过街缩短了行人过街距离,也为实现更灵活的信号控制提供了条件,提高了路口整体的通行效率。

(11) 行人专用相位

部分学校、商场、交通枢纽等人流密集点周边的交叉口,行人过街需求旺盛,针对这些特殊路口的信号控制设计应充分考虑此特点,因此,该地采用行人专用相位控制来满足行人过街需求,充分体现了信号控制设计的人性化原则。

(12) 绿波控制

针对城市副中心区域内有条件有必要的干线,制定合理方向、合理时段的绿波协调控制策略,在尽量避免对支路造成影响的情况下,形成主要干道绿波带,减少停车次数,提高路段通行效率。

(13) 潮汐控制

针对路段潮汐现象明显的情况,采用潮汐控制策略,匹配交通流向,提升路段整体通行效率。

(14) 红波控制

针对路段某节点交通压力大、流量过饱和的问题,节点上游路段采用红波控制策略,均衡路段交通压力分布,控制堵点流量,缓解堵点交通拥堵情况。

(15) 均衡控制

针对交通压力较大且路口规模差距较大的路段,采用均衡控制策略,适当限制通畅路口的通行能力,合理扩大拥堵路口下游疏散能力,均衡路段整体交通流分布,达到整体路段通行能力最大化的目标。

(16) 中心平台优化

在智能交通信号控制系统基础上,选取城市副中心区域内核心部位路口应用自适应控制,将包括检测器采集数据在内的多源数据融合应用,实现分钟级的自适应信号优化调整。

1.4 小结

城市副中心交通信号控制实战应用,借助交通信号控制理论、先进的交通数据采集技术和智能信号控制系统,对信号控制路口进行基础信息的收集整理与归档,并在此基础上完成路口深入调研及信号控制方案制定,逐步形成标准化流程,保障了道路交通系统的安全、有序、高效、稳定运行,持续提升城市副中心交通综合管理及道路服务水平。

城市副中心交通信号控制实战应用工作完成后,由第三方评测机构对整体应用成果进行了测评,测评结果显示:城市副中心核心区内平均车速提升15.6%,7条城市主干路平均旅行时间缩短32.5%,四员厅街西口、赵登禹路西口等产生的"老大难"问题得到全部解决,城市副中心交通信号控制实战应用效果显著。

2 路口交通信号控制

在城市路网中城市平面交叉口作为道路相交点，往往成为城市道路网络交通流运行的瓶颈，路口交通信号控制作为城市平面交叉口的主要控制方式，在城市道路交通管理中受到越来越多的关注。

本章主要内容为城市副中心单点信号控制层面的实战应用，包括单点精细化信号控制、相邻路口协调联动控制以及部分比较特殊的应用场景。总体以安全、有序、畅通为原则，不同类型路口采取不同控制策略，优化路口信号控制方案，提高路口的通行效率。

2.1 多时段信号控制

多时段信号控制是指根据交叉口全天流量变化特征将全天划分为不同时段，针对各时段流量特征制定相适应的信控方案，以此提升信控方案与流量的匹配度。时段划分可依据交通量的调查结果，以该时段内的流量变化值最小为原则。

北京城市副中心的信号灯在升级改造前，路口信号配时均采用固定配时控制方式，且未划分时段，全天只有一套方案运行。副中心信号控制实战应用过程中，依据技术人员现场实际调研数据和检测器提供的交通流数据，对路口信控方案进行了时段划分。副中心路口多时段信号控制包含日信号控制方案、周信号控制方案及节假日信号控制方案等三类应用。

2.1.1 日信号控制方案

日信号控制是根据交通流在一天内不同时段的变化规律，将一天 24 小时划分为多个时段，不同时段的车流量差异较大，同一时段内车流量波动幅度较小。副中心路口信号控制方案将日时段基本划分为 4 个时段至 12 个时段不等。

非重点、总体流量相对较少、饱和度较低且变化较小的路口多划分为4个时段,即早高峰、晚高峰、白日平峰、夜间平峰。例如,潞邑西路与京榆旧线交叉口配时划分为7:00—9:00、9:00—17:00、17:00—19:00、19:00—7:00(次日),该路口全天的信号配时如表2-1所示。

表2-1 潞邑西路与京榆旧线交叉口信号控制方案

配时方案	相阶1			相阶2			相阶3			协调周期	相位差
	G	Y	R	G	Y	R	G	Y	R	C	S
	东西直			西直左			南北直				
7:00—9:00	40	3	2	28	3	2	32	3	2	115	0
9:00—17:00	35	3	2	22	3	2	32	3	2	104	0
17:00—19:00	40	3	2	28	3	2	32	3	2	115	0
19:00—7:00(次日)	35	3	2	22	3	2	32	3	2	104	0

备注:单位:s,人行灯跟随机动车相位;G:绿灯时间包含行闪及绿闪;Y:黄闪警示时间;R:全红清道时间

非重点、总体车流量相对适中的路口多划分为6~8个时段,例如,乔庄北街与玉桥东路交叉口划分为6个时段,具体配时如表2-2所示。

表2-2 乔庄北街与玉桥东路交叉口信号控制方案

配时方案	相阶1			相阶2			相阶3			协调周期	相位差
	G	Y	R	G	Y	R	G	Y	R	C	S
	南北直			北直左			东左西直				
6:00—7:00	43	3	0	28	3	0	33	3	0	113	0
7:00—8:50	50	3	2	28	3	2	33	3	2	126	0
8:50—10:00	43	3	0	28	3	0	33	3	0	113	0
10:00—16:40	38	3	0	33	3	0	33	3	0	113	0
16:40—22:00	43	3	2	28	3	2	33	3	2	119	0
22:00—6:00(次日)	30	3	0	20	3	0	30	3	0	89	0

备注:单位:s,人行灯跟随机动车相位;G:绿灯时间包含行闪及绿闪;Y:黄闪警示时间;R:全红清道时间

重点路口、城市主干路、通勤线路、总体流量较大、全天流量变化幅度较大的路口多划分为11个时段,且在不同时段根据不同交通流向的变化规律设计相对应的信号放行顺序,例如京塘路与云景东路交叉口,具体配时如表2-3所示。

表 2-3　京塘路与云景东路交叉口信号控制方案

配时方案	相阶 1			相阶 2			相阶 3			相阶 4			协调周期	相位差
	G	Y	R	G	Y	R	G	Y	R	G	Y	R	C	S
	东西直			东西左			南直左			南北直左				
6:00—7:00	43	3	2	20	3	2	10	0	0	45	3	2	130	0
	西直(东西左熄灭)			东西直(东西左熄灭)			南直左			南北直左			—	
7:00—9:00	12	3	2	63	3	2	12	3	2	53	3	2	160	0
	东西直			东西左			南直左			南北直左			—	
9:00—10:10	55	3	2	25	3	2	10	0	0	45	3	2	150	0
10:10—11:30	47	3	2	23	3	2	10	0	0	45	3	2	140	0
11:30—13:30	35	3	2	20	3	2	10	0	0	40	3	2	120	0
13:30—16:00	40	3	2	20	3	2	10	0	0	45	3	2	130	0
	西直(东西左熄灭)			东西直(东西左熄灭)			南直左			南北直左			—	
16:00—18:00	10	3	2	45	3	2	12	3	2	53	3	2	140	0
18:00—19:00	12	3	2	63	3	2	12	3	2	53	3	2	160	0
19:00—20:00	10	3	2	45	3	2	12	3	2	53	3	2	140	0
	东西直			东西左			南直左			南北直左			—	
20:00—23:00	40	3	2	20	3	2	10	0	0	45	3	2	130	0
23:00—6:00(次日)	35	3	0	20	3	0	5	0	0	31	3	0	100	0

备注：单位：s，人行灯跟随机动车相位；G：绿灯时间包含行闪及绿闪；Y：黄闪警示时间；R：全红清道时间

多时段控制实战应用中，学校周边路口受学校作息时间影响较大，具有较明显的变化特征。因此，学校周边路口信号控制需根据交通流变化规律重点考虑学校上下学时间进行时段划分。例如永顺小学路口信控方案根据学校作息时间划分为 12 个时段，上下学时段因路口东西方向学生过街流量增大，信控方案主要保障东西方向行人过街路权；非上下学时段优先考虑社会车流路权，信控方案适当增加主路机动车方向绿灯时间。路口实际运行方案如表 2-4 所示。

表 2-4 永顺小学路口信号控制方案

配时方案	相阶1			相阶2			相阶3			协调周期	相位差
	G	Y	R	G	Y	R	G	Y	R		
	南北直			东西			—			C	S
7:00—8:00	40	3	2	40	3	0	—	—	—	88	0
8:00—11:30	42	3	2	25	3	0	—	—	—	75	0
11:30—12:10	40	3	2	40	3	0	—	—	—	88	0
12:10—13:00	42	3	2	25	3	0	—	—	—	75	0
13:00—13:40	40	3	2	40	3	0	—	—	—	88	0
13:40—15:40	42	3	2	25	3	0	—	—	—	75	0
15:40—16:10	40	3	2	40	3	0	—	—	—	88	0
16:10—16:50	42	3	2	25	3	0	—	—	—	75	0
16:50—17:20	40	3	2	40	3	0	—	—	—	88	0
17:20—19:30	42	3	2	25	3	0	—	—	—	75	0
19:30—23:00	40	3	2	40	3	0	—	—	—	88	0
23:00—7:00(次日)	60	3	2	25	3	0	—	—	—	93	0

备注：单位：s,人行灯跟随机动车相位；G：绿灯时间包含行闪及绿闪；Y：黄闪警示时间；R：全红清道时间

2.1.2 周信号控制方案

周信号控制是根据周一至周日的日流量变化特点，一周7天实行多套信号配时控制方案。针对通州区部分日流量变化较大的路口，采取了周信号控制方案。例如有些路口周一早高峰与周五的晚高峰相对其他几日同时段会更加拥堵，周末早高峰时间相对较晚，学校、写字楼等重点区域周边交通量在工作日与周末的相同时间点也会呈现不同的流量特征，因此一周应实行多套信控方案。

以临河里小学行人过街路口为例，周一至周五信控方案时间段划分依据学校的上下学时间为基础，上下学期间给予较长的人行过街时间，优先保障学生过街需求；周末以该路口交通量为基础划分时段、设置通行时间，重点保障社会车辆通行。具体控制方案如表2-5、表2-6所示。

表 2-5　临河里小学路口周一至周五信号控制方案

配时方案	相阶 1			相阶 2			相阶 3			协调周期	相位差
	G	Y	R	G	Y	R	G	Y	R		
	东西直			南北人行			—			C	S
7:00—8:00	40	3	2	40	3	0	—	—	—	88	0
8:00—11:30	42	3	2	25	3	0	—	—	—	75	0
11:30—12:10	40	3	2	40	3	0	—	—	—	88	0
12:10—13:00	42	3	2	25	3	0	—	—	—	75	0
13:00—13:40	40	3	2	40	3	0	—	—	—	88	0
13:40—15:40	42	3	2	25	3	0	—	—	—	75	0
15:40—16:10	40	3	2	40	3	0	—	—	—	88	0
16:10—16:50	42	3	2	25	3	0	—	—	—	75	0
16:50—17:20	40	3	2	40	3	0	—	—	—	88	0
17:20—19:30	42	3	2	25	3	0	—	—	—	75	0
19:30—23:00	40	3	2	40	3	0	—	—	—	88	0
23:00—7:00(次日)	60	3	2	25	3	0	—	—	—	93	0

备注：单位：s，人行灯跟随机动车相位；G：绿灯时间包含行闪及绿闪；Y：黄闪警示时间；R：全红清道时间

表 2-6　临河里小学路口周末信号控制方案

配时方案	相阶 1			相阶 2			相阶 3			协调周期	相位差
	G	Y	R	G	Y	R	G	Y	R		
	东西直			南北人行			—			C	S
7:00—9:00	40	3	2	25	3	0	—	—	—	73	0
9:00—17:00	50	3	2	25	3	0	—	—	—	83	0
17:00—19:00	40	3	2	25	3	0	—	—	—	73	0
19:00—7:00(次日)	50	3	2	25	3	0	—	—	—	83	0

备注：单位：s，人行灯跟随机动车相位；G：绿灯时间包含行闪及绿闪；Y：黄闪警示时间；R：全红清道时间

2.1.3　节假日信号控制方案

节假日信号控制是指在特定节假日期间，根据节假日交通流量特征对路口实行与日常时间不同的控制方案。例如在节假日期间，景区及商场周边道路交通流较工作日会增多，景区周边呈现明显的"潮汐交通"现象，商场周边的道路在中午及晚上的餐饮时间集中呈现流量高峰。

以通州区大运河森林公园附近的梁各庄北口为例，在节假日期间，为了保障

车辆进出景区,信号控制策略制定时充分考虑流量需求,适当延长了该路口早晚高峰进出景区方向(景区位于该路口以北)的放行时间,具体日常信号控制方案及节假日信号控制方案分别如表2-7、表2-8所示。

表2-7 梁各庄北口日常信号控制方案

配时方案	相阶1			相阶2			相阶3			相阶4			协调周期	相位差
	G	Y	R	G	Y	R	G	Y	R	G	Y	R	C	S
	东直左			东西直			西直左			南北直左				
6:00—7:00	10	3	2	40	3	2	15	3	2	25	3	2	110	0
7:00—9:00	15	3	2	50	3	2	30	3	2	30	3	2	145	0
9:00—16:30	10	3	2	40	3	2	15	3	2	25	3	2	110	0
16:30—19:30	15	3	2	50	3	2	30	3	2	30	3	2	145	0
19:30—23:00	10	3	2	40	3	2	15	3	2	25	3	2	110	0
23:00—6:00(次日)	10	3	2	30	3	2	15	3	2	25	3	2	100	0

备注:单位:s,人行灯跟随机动车相位;G:绿灯时间包含行闪及绿闪;Y:黄闪警示时间;R:全红清道时间

表2-8 梁各庄北口节假日信号控制方案

配时方案	相阶1			相阶2			相阶3			相阶4			协调周期	相位差
	G	Y	R	G	Y	R	G	Y	R	G	Y	R	C	S
	东直左			东西直			西直左			南北直左				
6:00—7:00	10	3	2	40	3	2	15	3	2	25	3	2	110	0
7:00—9:00	15	3	2	35	3	2	30	3	2	35	3	2	135	0
9:00—16:30	10	3	2	35	3	2	35	3	2	40	3	2	140	0
16:30—19:30	10	3	2	40	3	2	15	3	2	50	3	2	135	0
19:30—23:00	15	3	2	40	3	2	15	3	2	25	3	2	115	0
23:00—6:00(次日)	10	3	2	30	3	2	10	3	2	25	3	2	95	0

备注:单位:s,人行灯跟随机动车相位;G:绿灯时间包含行闪及绿闪;Y:黄闪警示时间;R:全红清道时间

2.2 多相位信号控制

本书中提及的多相位信号控制更多的是指通过相序的灵活组合应用,根据道路交叉口类型、交通流特征的不同,制定符合路口自身特点的信号控制方案,这样才能实现在相同空间和时间条件下放行效率的最大化,同时尽量减少车与车之

间、车与人之间的放行冲突。

多相位信号控制是路口信号控制精细化的必要手段,是保障路口通行效率、提升路口安全性的重要方法。在城市副中心信号控制实战应用过程中,信号策略优化团队充分地运用了多相位信号控制手段,形成了大量优化效果显著的实际案例。

2.2.1 标准两相位

路口标准两相位是交通信号控制实际应用中最为简单和常见的相位组合方式,主要应用于路口规模较小或车流量较小的十字路口。标准两相位方案组合较简单,典型的组合方式为:相位一,南北直左;相位二,东西直左。标准两相位方案组合如图2-1所示。

两相位控制方案在交通流量较低时比较有效且运行良好,但是没有左转专用相位,无法避免直左冲突,因此,两相位信号控制方案经常用于市区和郊区左转流量较小的交叉口。

图 2-1 标准两相位方案组合

城市副中心管辖区域内,标准两相位信号控制方案在较偏远的路口得到了广泛应用。以武兴路为例,武兴路位于通州区东南区域,距离中心城区较远,路段上的交叉口交通流量整体偏低且左转需求小,所以标准两相位信号控制方案在武兴路各交叉口有广泛应用。武兴路潞城镇政府路口全天采用标准两相位控制,又因路口全天流量浮动较小,将全天分为白天(6:00—23:00)、夜间(23:00—6:00(次日))两个时段,如表2-9所示。

表 2-9 武兴路潞城镇政府路口信号控制方案

配时方案	相阶1			相阶2			相阶3			协调周期	相位差
	G	Y	R	G	Y	R	G	Y	R	C	S
	南北直左			东西直左			—				
6:00—23:00	25	3	2	60	3	2	—	—	—	95	0
23:00—6:00(次日)	25	3	2	40	3	2	—	—	—	95	0

备注:单位:s,人行灯跟随机动车相位;G:绿灯时间包含行闪及绿闪;Y:黄闪警示时间;R:全红清道时间

2.2.2 标准四相位

标准四相位控制是信号控制交叉口经常采用的一种相序组合方式,通常在设置左转专用车道和专用直行车道的交叉口使用。标准四相位方案组合方式一般为:相位一,南北直行;相位二,南北左转;相位三,东西直行;相位四,东西左转。标准四相位方案组合如图 2-2 所示。

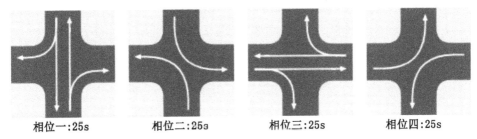

相位一:25s　　相位二:25s　　相位三:25s　　相位四:25s

图 2-2　标准四相位方案组合

标准四相位方案组合中的每个信号相位,只有分流点和合流点,没有冲突点,机动车与机动车之间的正面冲突较少,车辆运行较为流畅。这种典型信号控制方案不存在搭接相位,各方向车流在对应相位开始时同时获得通行权,并在该相位结束时同时终止通行权,通行时间依据"相位等饱和度"原则进行分配,设计较为简单。其相比于标准两相位放行,红灯等待周期较长,容易导致排队长度增加,导致行人与非机动车违法,安全隐患较大。而且这种典型信号配时方法只能实现各个相位的关键车道组之间的等饱和度。当同一相位中的不同流向饱和度不均衡时,需求较大的流向需要较长的通行时间,而其他流向可能早已放行完毕,会造成通行时间的浪费。

基于以上特点,标准四相位方案组合适用于南北、东西对向车流量较为均衡、无空档现象,且左转车辆较多的交叉口。

2.2.3 单边轮放

单边轮放指的是路口各方向轮流放行,依照通州区信控原则,一般采用北东南西的放行顺序,针对对向车流量相互不匹配的路口有较明显的效果提升。单边轮放的放行方式冲突点少,路权也较明确,在通州区流量较大,冲突较多的路口有广泛应用。单边轮放方案组合方式一般为:相位一,北单边;相位二,东单边;相位三,南单边;相位四,西单边。单边轮放示意图如图2-3所示。芙蓉东路与通燕高速路口交叉口信号控制方案就是单边轮放,如表2-10所示。

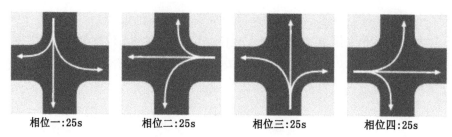

图2-3 单边轮放示意图

表2-10 芙蓉东路与通燕高速路口交叉口信号控制方案

配时方案	相阶1			相阶2			相阶3			相阶4			相阶5			协调周期	相位差
	G	Y	R	G	Y	R	G	Y	R	G	Y	R	G	Y	R	C	S
	南单边			西单边			北单边			东单边			—				
6:00—6:30	40	3	0	30	3	0	30	3	0	18	3	0	—	—	—	130	57
	南单边			西单边			北单边			东单边							
6:30—7:10	33	3	0	20	3	0	52	3	0	33	3	0				150	0
7:10—9:10	43	3	0	20	3	0	60	3	0	35	3	0				170	21
	南单边			西单边			北单边			东单边							
9:10—11:45	46	3	0	32	3	0	33	3	0	17	3	0				140	64
11:45—13:30	40	3	0	30	3	0	30	3	0	18	3	0				—	57
13:30—16:50	46	3	0	32	3	0	33	3	0	17	3	0				140	64
	南单边			西单边			北单边			东单边							
16:50—17:20	33	3	0	20	3	0	52	3	0	33	3	0				150	125
17:20—20:30	33	3	0	18	3	0	57	3	0	50	3	0				170	123
	南单边			西单边			北单边			东单边							
20:30—22:00	46	3	0	32	3	0	33	3	0	17	3	0				140	64
22:00—6:00(次日)	40	3	0	30	3	0	30	3	0	18	3	0				130	57

备注:单位:s,人行灯跟随机动车相位;G:绿灯时间包含行闪及绿闪;Y:黄闪警示时间;R:全红清道时间

2.2.4 搭接相位

搭接相位设计通过设置合理的相位衔接,能有效缓解各流向间饱和度不均衡现象,提高各流向的绿灯时间利用率,从而增加了交叉口的通行效率。以新华南路与玉带河大街交叉口为例,针对南北对向流量饱和度差异大的特征,采用南北方向直行搭接的方式,有效避免了绿灯空放问题,使得路口时空利用率显著提升,

路口整体效率大幅提升。搭接相位示意图如图2-4所示。新华南路与玉带河大街交叉口信号控制方案如表2-11所示。

相位一：25s　　　　相位二：25s　　　　相位三：25s

图2-4　搭接相位示意图

表2-11　新华南路与玉带河大街交叉口信号控制方案

配时方案	相阶1			相阶2			相阶3			相阶4			相阶5			协调周期	相位差
	G	Y	R	G	Y	R	G	Y	R	G	Y	R	G	Y	R	C	S
	东西直行			东西左转			南直左			南北直			北直左				
7:00—8:25	35	3	2	32	3	2	30	3	2	33	3	2	25	3	2	180	125
8:25—9:20	30	3	2	28	3	2	32	3	2	33	3	2	22	3	2	170	121
9:20—17:00	36	3	0	27	3	0	28	3	0	25	3	0	19	3	0	150	0
17:00—19:20	35	3	2	32	3	2	30	3	2	33	3	2	25	3	2	180	125
19:20—7:00（次日）	36	3	0	27	3	0	28	3	0	25	3	0	19	3	0	150	0

备注：单位：s，人行灯跟随机动车相位；G：绿灯时间包含行闪及绿闪；Y：黄闪警示时间；R：全红清道时间

2.2.5　二次相位

二次相位是指同一周期内为充分利用路口展宽段对某流向车流放行两次的相序组合。二次相位示意图如图2-5所示。

相位一：25s　　相位二：25s　　相位三：25s　　相位四：25s

图2-5　二次相位示意图

二次相位应用相对比较罕见，一般主要针对某一流向车流量较大且展宽段较宽，可以依靠二次相位充分利用展宽段的蓄车能力，提升进口通行效率，有效缓解排队过长产生的拥堵情况的路口。以通胡大街与东六环西侧路交叉口为例，南进口路段车道数为 2 车道，进口展宽段为 5 车道，二次相位组合可以完美地实现"放水、蓄水、再放水"的效果，使得南进口空间和时间利用率都得到了提升，南进口排队压力得以有效缓解。通胡大街与东六环西侧路交叉口信号控制方案如表 2-12 所示。

表 2-12 通胡大街与东六环西侧路交叉口信号控制方案

配时方案	相阶 1			相阶 2			相阶 3			相阶 4			相阶 5			相阶 4			协调周期	相位差
	G	Y	R	G	Y	R	G	Y	R	G	Y	R	G	Y	R	G	Y	R	C	S
	东西直			东西左			南北直			南北左			—			—				
23:30—6:30	27	3	0	17	3	0	27	3	0	17	3	0	—	—	—	—	—	—	100	80
6:30—7:10	47	3	0	27	3	0	37	3	0	27	3	0	—	—	—	—	—	—	150	86
7:10—16:50	57	3	0	25	3	0	52	3	0	24	3	0	—	—	—	—	—	—	170	39
16:50—17:20	47	3	0	27	3	0	42	3	0	22	3	0	—	—	—	—	—	—	150	127
17:20—6:00	57	3	0	26	3	0	50	3	0	25	3	0	—	—	—	—	—	—	170	11
	东直左			东西直			西直左			南北直			南北左			南北直				
6:00—9:10	25	3	0	10	3	0	25	3	0	37	3	0	18	3	0	37	3	0	170	104
9:10—11:45	28	3	0	10	3	0	28	3	0	39	3	0	20	3	0	39	3	0	182	99
11:45—13:30	25	3	0	10	3	0	25	3	0	37	3	0	18	3	0	37	3	0	170	104
13:30—19:10	28	3	0	10	3	0	28	3	0	39	3	0	20	3	0	39	3	0	182	99
19:10—22:00	28	3	0	10	3	0	28	3	0	39	3	0	20	3	0	39	3	0	182	99
22:00—23:30（次日）	25	3	0	10	3	0	25	3	0	37	3	0	18	3	0	37	3	0	170	104

备注：单位：s，人行灯跟随机动车相位；G：绿灯时间包含行闪及绿闪；Y：黄闪警示时间；R：全红清道时间

2.3 现场手动控制

随着副中心搬迁工作的进行，城区内交通流量持续上升，交通压力也越来越大，导致部分路口在早晚交通高峰期间会因为交通流量过饱和而产生拥堵。此外，交通事故、突发事件等意外情况也会导致路口出现交通秩序混乱、通行效率下降等问题，需要民警前往现场对交通进行疏导，及时缓解拥堵，恢复路口秩序。通过现场手动控制可以实现相位锁定、步进、黄闪、全红等控制，协助民警合理引导路口交通流，顺利开展交通疏导工作。同时，勤务保障工作的开展也离不开现场手动控制。城市副中心信号控制实战应用中，现场手动控制的方式主要有两种，

包括信号机控制面板控制和遥控器控制。

2.3.1 信号机控制面板

信号机机柜侧面设有外手动小门,按键式的外手动小门共有20个按键,每个按键都有对应的指示灯,在不打开机柜门的情况下实现各类手动操作。手动控制面板如图2-6所示。

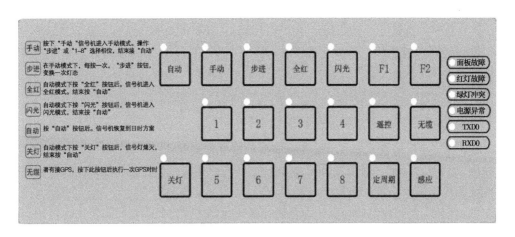

图2-6 手控操作面板

信号机控制面板手动操作主要包括:

(1) 自动:在自动指示灯亮起的状态下,可按下手动、全红、闪光、关灯、遥控、无缆、定周期、感应等按键执行相应方案;若需退出上述状态,按下"自动"键即可。

(2) 手动:按下后信号机进入手动模式。

(3) 全红:按下后信号机进入全红模式,路口全部信号灯为全红。

(4) 闪光:按下后信号机进入闪光模式,路口全部信号灯为黄闪。

(5) 关灯:按下后路口信号灯结束当前周期,信号机进入关灯模式,路口全部信号灯处于熄灭状态。

(6) 遥控:按下后信号机进入遥控模式,需要外接其他遥控设备。

(7) 无缆:按下后信号机进入无缆协调模式,需要外接GPS对时设备。

(8) 定周期:按下后信号机进入定周期模式。

(9) 感应:按下后信号机进入全感应模式。

(10) F1:按下后信号机进入固定手动模式,以最短绿结束当前相阶后,跳转至预置的固定相序,然后可通过步进键或数字键改变执行相阶。

(11) 小门右侧的指示灯分别代表了如下状态:

a. 面板故障指示灯:灯亮时,表示外手动小门故障。

b. 红灯故障指示灯:灯亮时,表示对应的信号灯发生红灯故障。

c. 绿灯冲突指示灯:灯亮时,表示对应的信号灯发生绿灯冲突。

d. 电源异常指示灯:灯亮时,表示接入电源出现异常。

e. TXD0 指示灯:按下外手动小门按键时,TXD 指示灯会有短暂的闪灭,表示有按键信号传送至信号机。

f. RXD0 指示灯:按下外手动小门按键后,信号机若能够响应执行,则 RXD 指示灯会有短暂的闪灭。

2.3.2 遥控器

目前,民警进行手动控制疏导交通时,通常采用上述有线方式对路口信号机进行干预控制,这种方式可靠性高,但是民警在路口控制时必须要站在信号机前对信号机进行操作。当信号机设置在路口绿化带等视野不好的位置时,采用上述方式的民警无法全面地观察当前路口各个方向的车辆积压情况,无法做出最有效的放行决策,只能靠经验或者与指挥中心的民警进行远程对话来对当前路口进行决策,导致路口民警的工作效率相对较低。

为解决上述问题,在北京城市副中心专门定制开发了无线遥控设备。通过遥控器与无线遥控接收器进行交互式数据通信,实现远距离无线控制,如图 2-7、图 2-8 所示。

图 2-7 遥控器发射器

图 2-8 无线遥控接收器

无线遥控器的主要功能包括:相阶控制、步阶控制、方向控制、特勤控制、全红控制、闪光控制及特定相序控制等。遥控器也设定了一系列安全措施,例如,开机需要输入事先设定的密码,从而避免无意间的触碰操作影响交通。同时,城市副中心信号控制实战应用使用的信号遥控器还具有以下优势:

a. 防护等级高，携带方便，通信稳定。

b. 显示内容丰富，可显示控制状态、电池状态、连接状态、时间等。

c. 无线抗干扰能力强，无遮挡遥控距离可达 500 m。

d. 2 000 mAh 锂电池供电，可充电持续使用，超低功耗，待机 192 h。

e. 可提供开关量输出，以控制不同厂家的信号控制机。

民警可以手持遥控器，在所控路口一定距离范围内（理想无遮挡条件下 500 m 内）通过无线遥控信号控制器，对路口进行控制，方便特勤及现场控制，从而达到合理组织交通、解放警力、优化管理控制的效果。

图 2-9　手持遥控器

2.3.3　应用场景

（1）路口日常执勤控制

在路口日常执勤的交警进行手动控制时，可以根据实际需求选择步阶控制或相阶控制两种控制方式。

步阶控制是指在手动模式下，每按"步进"键一次，信号机就按照"绿→行闪→绿闪→黄→全红→下一相位"的步骤前进一步，即步进控制为通过按键改变信号灯在当前相阶的灯色。

相阶控制则是指通过按键改变路口信号控制相阶。控制面板 1～8 数字键是指按下数字键盘，则直接跳越执行该数字对应的相阶编号。若该数字无对应的相阶编号，或者该数字键是当前相阶编号，则信号机无响应。

（2）路口特勤控制

路口特勤控制是指利用信号机的自身功能，根据用户的实际需求进行路口特勤方案的定制化，能够灵活配置特勤相位，可同时保有 8 套不同放行相位，并实现任意相位一键切换。

当现场民警执行特勤任务需手动控制信号机时，按下手动按键，使信号机进入手动模式。再按下"F1 键"后信号机进入固定手动模式，以最短绿结束当前相阶后，跳转至预置特勤相序（根据实际需求制作定制化方案），执行已经设置好的特勤模式。可根据警卫任务或交通疏导等需求，通过信号机现场手动控制，运行在某一指定相位。

目前，北京城市副中心核心区域内的所有路口均按照要求进行了定制化的特勤手控方案制作与下发。

2.4 协调联动

在单点控制情况下，距离较近或相关性较强的相邻两个路口，由于相互影响大且中间蓄车段蓄车能力较低，容易出现路口反溢、空放等现象，导致路口通行效率下降。针对北京城市副中心部分相邻路口的实际特点和需要，采用路口联动控制策略，在单点控制基础上通过对两个距离相近路口相位、周期、相位差等参数的优化调整，使两个路口车辆放行方式相互协调，从而提高路口的放行效率。

本节针对以上情况，提出了"咬合式""同步式""齿轮式""大小周期式"四种协调联动放行方式，并基于实际应用案例介绍了每种放行方式的应用效果。

2.4.1 咬合式放行

咬合式放行方式主要针对高架桥匝道与城市主干道相交路口，因高架桥两侧匝道同时与城市主干道相交，且两处交叉点距离十分有限，在信号控制方面需要着重考虑两交叉口的协调联动放行效果。通过设计咬合式的放行方式，可以有效解决桥下排队问题和车流冲突问题，从而有效提升整体的通行效果和安全性。

本节以耿庄桥路口信号控制应用为例对咬合式放行控制策略进行详解。

1）现状概述

耿庄桥路口是高速公路匝道与城市主干道的交叉口，东西向为通燕高速通往北京市区、燕郊的进出口；南北向为通州区主干道芙蓉东路和潞苑东路。耿庄桥路口位置如图 2-10 所示。

耿庄桥路口由两个连续的十字路口组成：潞苑东路与通燕高速北辅路交叉口、芙蓉东路与通燕高速南辅路交叉口，交叉口整体车流量较大，高峰期多个方向过饱和，路口冲突点多，车流交织复杂，导致该路口通行效率降低，高峰期主要依靠警力进行现场疏导，尽管路口配备了多名民警进行交通疏导并采用手动控制的方式调配各方向时长，路口通行秩序和效率依然得不到保障，这也正是耿庄桥路口被称为通州区"老大难路口"的原因。耿庄桥路口冲突点位图如图 2-11 所示。

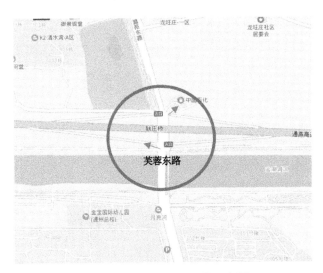

图 2-10 耿庄桥路口位置示意图

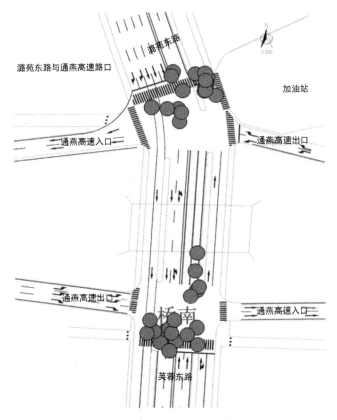

图 2-11 耿庄桥路口冲突点位图

2）问题分析

经过深入调研分析，存在潮汐现象、冲突点过多、受周边路口影响致使路口流量过饱和等问题。

（1）潮汐现象明显

早高峰（7:00—9:00）：

- 由南向西左转上高速交通流量大。
- 由北向西右转上高速交通流量大。
- 由南向北直行交通流量大，如图 2-12 所示。

图 2-12　早高峰南向北流量大

图 2-13　晚高峰直行流量大

晚高峰（16:00—18:30）：

- 通燕高速下桥匝道西向北左转交通流量大。
- 南北双向直行交通流量大，如图 2-13 所示。

（2）冲突点过多

如图 2-14 所示，由于耿庄桥路口进口多，放行相序不合理，导致交叉冲突、合流冲突现象十分突出，经过统计得出耿庄桥路口冲突点竟多达 41 处，其中主要冲突点有 13 处，如此多的冲突点无疑会严重影响路口的正常放行秩序，导致路口通行效率下降，继而产生排队和拥堵。此外，冲突点多也存在一定安全风险，增大了发生交通事故的概率，一旦发生事故会进一步阻碍路口的放行秩序。主要冲突点可总结如下：

图 2-14　现场车流冲突情况

- 南向西左转与北向南直行交叉冲突。
- 南向西左转与北向西右转合流冲突。
- 南向南掉头与北向南直行合流冲突。
- 南向南掉头与西向南右转合流冲突。
- 南向北直行合流冲突。
- 北向南直行与西向南右转合流冲突。
- 北向南直行合流冲突。
- 北向东左转与南向北直行交叉冲突。
- 北向北掉头与南向北直行合流冲突。
- 北向东左转与南向北直行合流冲突。
- 北向东左转与东向北右转交叉冲突。
- 西向北左转合流冲突。
- 东向北右转与南向北直行合流冲突。
- 东侧河堤路直行、左转、右转与南向北直行冲突。
- 东侧河堤路直行、左转与北向南直行冲突。
- 东侧河堤路直行、左转与东向南左转冲突。
- 东侧河堤路直行与西向南右转冲突。
- 桥南西侧河堤路直行与左转与南向直行冲突。
- 桥南西侧河堤路直行、左转与东向南左转冲突。
- 桥南西侧河堤路直行、左转与北向南直行冲突。
- 桥南西侧河堤路直行、左转与西向南右转冲突。
- 桥北加油站右转与西向北左转冲突。
- 桥北加油站右转车辆与南向北直行冲突。
- 桥北加油站右转与加油站右转冲突。
- 桥北加油站左转、直行、右转与东向北右转冲突。
- 桥北西北角小路与北向西左转冲突。
- 桥北西北角小路掉头与北向西左转冲突。
- 桥北西北角小路掉头与北向西右转冲突。

(3) 周边路口影响较大

如图 2-15 所示,作为通州区南北向主干道之一,潞苑东路路段早晚高峰期间交通压力大,耿庄桥位于中间位置,又是上下通燕高速的重要交叉点,南北两侧的交通流全部涌向耿庄桥,致使路口流量过饱和。与此同时,耿庄桥下游路口无法及时清空耿庄桥方向驶来的车流,从而造成反溢,直接影响了耿庄桥的通行效率。这种"前后夹击"的问题加重了耿庄桥的交通压力。

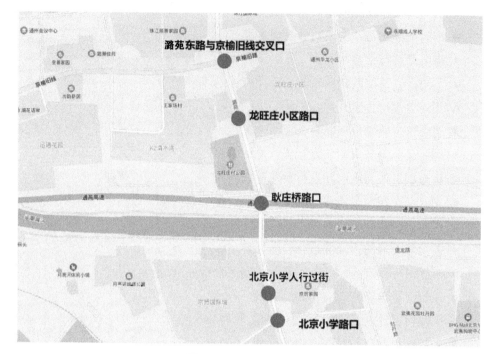

图 2-15　周边关联路口

3）解决方案

(1) 优化相序,采用咬合式放行

通过对各方向流量的相关性分析,并结合耿庄桥的现有渠化情况,制定了可以有效减少冲突点的咬合式联动放行相序,综合考虑各方向车辆流向以及桥下排队车辆,解决排队溢出造成的交通秩序受阻问题。新相序实行后将规避绝大部分的交通冲突点,保障路口放行秩序,提高路口配时方案时间利用率,路口卡死问题将不复存在。优化信号放行顺序如下：

第一相序：北向南直左同放,南向北清空桥下。

第二相序：东向南左转。

第四相序：南向北直左同放,北向南清空桥下。

第五相序：西向北左转,南向北辅路直行。

第六相序：北向南提前启动。

耿庄桥路口相序组合如图 2-16 所示。

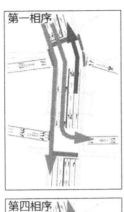
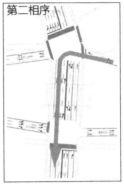
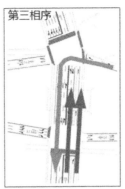
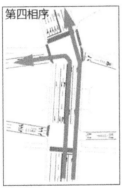
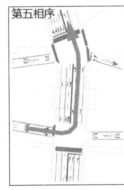
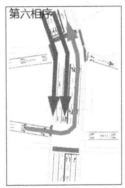

图 2-16 耿庄桥路口相序组合图

(2) 多时段配时方案

经过全天流量调研和交通流相关性分析,将全天划分为 11 个时段,共采用 7 套不同配时方案,如表 2-13 所示。根据流量变化定时调整配时,提升时间与流量匹配性,成功解决高峰期配时短、低峰期空放的时间配比问题,也减少了路口停等时间,增加了通行效率和有效时间占比。

表 2-13 多时段信号配时方案

配时方案	相阶 1			相阶 2			相阶 3			相阶 4			相阶 5			相阶 6			协调周期	相位差
	G	Y	R	G	Y	R	G	Y	R	G	Y	R	G	Y	R	G	Y	R	C	S
	南向北直左同放,北向南清空桥下			西向北左转,南向北辅路直行			北向南提前启动			北向南直左同放,南向北清空桥下			东向南左转			南向北提前启动				
6:40—7:00	57	3	0	29	3	0	6	0	0	36	3	0	14	3	0	6	0	0	160	0
7:00—8:00	60	3	0	29	3	0	6	0	0	43	3	0	14	3	0	6	0	0	170	0
8:00—8:40	57	3	0	29	3	0	6	0	0	36	3	0	14	3	0	6	0	0	160	0
8:40—9:20	52	3	0	27	3	0	6	0	0	33	3	0	14	3	0	6	0	0	150	0

续表

配时方案	相阶1 南向北直左同放，北向南清空桥下			相阶2 西向北左转，南向北辅路直行			相阶3 北向南提前启动			相阶4 北向南直左同放，南向北清空桥下			相阶5 东向南左转			相阶6 南向北提前启动			协调周期 C	相位差 S
	G	Y	R	G	Y	R	G	Y	R	G	Y	R	G	Y	R	G	Y	R		
9:20—11:30	46	3	0	26	3	0	6	0	0	30	3	0	14	3	0	6	0	0	140	0
11:30—13:30	36	3	0	26	3	0	6	0	0	30	3	0	14	3	0	6	0	0	130	0
13:30—16:40	36	3	0	37	3	0	6	0	0	31	3	0	14	3	0	6	0	0	140	0
16:40—19:00	57	3	0	45	3	0	6	0	0	30	3	0	14	3	0	6	0	0	168	0
19:00—20:30	46	3	0	42	3	0	6	0	0	27	3	0	14	3	0	6	0	0	151	0
20:30—23:00	36	3	0	38	3	0	6	0	0	30	3	0	14	3	0	6	0	0	140	0
23:00—6:40（次日）	36	3	0	26	3	0	6	0	0	30	3	0	14	3	0	6	0	0	130	0

备注：单位：s，人行灯跟随机动车相位；G：绿灯时间包含行闪及绿闪；Y：黄闪警示时间；R：全红清道时间

（3）联动控制

为缓解耿庄桥交通压力，对潞苑东路路段进行联动控制，均衡路段交通压力，避免压力过于集中在耿庄桥路口。南北方向采取分段分时双向干线协调控制，如图2-17所示，潞苑东路路口至耿庄桥早高峰北向南红波、南向北绿波控制；耿庄桥至芙蓉东路北京小学北向南绿波，南向北红波控制。

图2-17　路段干线协调控制策略示意图

4）优化效果

（1）有效缓解冲突问题

优化后的放行相序有效地避免了多个进口多个方向车流的冲突问题，通过咬合式联动放行，合理分配行驶权，保障路口秩序最优化，冲突点由之前的41处减少至5处。冲突的减少即对交通流连续性的影响减少，交通流能够有秩序地按照信号灯指示行驶，配时方案的实现效果也能得到保障，路口的通行能力也随之提升。

（2）高峰期二次排队得到缓解

全天11个时段，共采用7套不同配时方案，各时段都有和该时段车流量与车流向相关性匹配的配时方案，按照不同时段流量特性调整绿信比，增加车流量大、排队长方向的绿灯时间，保障排队车辆能在一个周期内清空，缓解二次排队造成的堆积拥堵，减少路口停等时间、停等次数，不仅可以提升通行效率，也在一定程度上遏制了车辆停等时产生的尾气排放。

（3）彻底解决低峰期空放

通过设置多时段控制方案，彻底解决了之前由于全天一套方案产生的平峰期周期过大造成的各方向绿灯空放现象，提升了绿灯时间利用率，减少不必要的停车等待时间。

（4）停车延误时间缩短

在原有渠化环境条件下，经过对信号策略的分析与优化，下发新配时并观察了近一周时间，不断对配时方案进行优化调整形成了现在的方案。自方案下发以来，停车延误时间得到了一定程度的缩减，证明路口拥堵情况得到了缓解，优化方案效果也得到了证实。

（5）交通压力均衡分担

根据干线均衡控制应用，结合红波控制和绿波控制的技术手段，分散耿庄桥路口交通压力，均衡流量分布，由潞苑东路路段上的各路口均匀承担，避免路段流量全部拥积在耿庄桥路口，导致路口过饱和产生不可避免的拥堵。

2.4.2　同步式放行

同步式放行方式是指两交叉口主干道放行方向的绿灯（或红灯）信号起点（或中心点）时刻相差为0，即相对相位差为0的协调联动控制方式。

同步式协调控制适用于以下两种情况：

（1）如果相邻交叉口的间距非常近，并且相交道路上的交通量远远小于主干道方向上的交通量时，可以把这些相邻交叉口看作一个整体，采用同样的信号配时方案,并且每个交叉口的绿灯开始时刻也相同,即形成同步式的协调控制系统,以改善道路的通行,从而使主要干道中的交通流能够顺利通过相邻的信号控制交叉口。

(2) 相邻路口交通压力较大,上游交叉口的车辆无法向下游交叉口行驶,此时可以采取同步式的控制方式放行。在这种情况下,同步式协调可以有效缓解车辆二次排队问题,为下游交叉口留出清理已有排队的时间,并且能够切断车队来阻止交叉口的堵塞。

本节以温榆河大桥两端的交叉口信号控制实际应用为例对"同步式"联动放行方式进行详解。反溢现象在城市路段较为常见,而温榆河大桥两端的交叉口受大桥影响存在瓶颈,且交叉口形态具有较大差异,从而凸显出更多问题。因此,利用"同步式"放行方式使两路口前后呼应,利用红波控制进行路段协调,最大限度地分散交通压力,实现桥两端路口通行效率提升。

1) 现状概述

如图 2-18 所示,温榆河大桥位于温榆河之上,属于新华北路和通顺路的交接处,桥两端均有路口,南端为滨榆西路和安顺路交叉口,北端为通顺路和滨榆东路交叉口。南方向紧邻通州北关桥路口,东方向紧邻通州北关地铁站和北皇木厂桥路口,西方向为居民区,北侧为连通顺义的交通要道,各个方向车流量均处

图 2-18 温榆河大桥现状图

于较高水平,尤其早高峰期间路口处于过饱和状态,各方向进口道排队过长,加上路口秩序较差,拥堵现象常年存在,同时桥上车辆蓄积过多给大桥产生了非常大的压力,存在一定风险,因此温榆河大桥交通问题一直是通州区交通升级改造的一大难题。

2) 问题分析

(1) 反溢问题突出

由于朝阳北路北口北向南车辆较多,现有配时方案无法清空北向南车辆,温榆河桥上蓄车能力明显不足,导致桥上排队过长一直延伸到桥北端,使得北马庄

南口南出口反溢,如图2-19所示,反溢直接迫使路口交通流卡死,影响路口正常放行秩序,是温榆河桥拥堵问题一大诱因。

(2) 早高峰北向南流量过饱和

早高峰期间由外围进城中心的交通需求较大,车辆较多,通顺路方向来车过多,通顺路方向来车全部涌向温榆河大桥,加上温榆河大桥卸流能力满足不了现有的交通需求,北马庄南口和朝阳北路北口两个路口早高峰期间始终处于流量过饱和状态,交通压力过大造成了交通拥堵。

(3) 配时方案与流量不匹配

图 2-19　北马庄南口南出口反溢图

通过对两路口的交通流量调研分析,根据流量相关性及特性分析,发现现有配时方案的时段划分较粗糙,与实际的全天交通流量变化有较大出入。时段划分的不合理性导致配时方案绿信比等设置与交通流不匹配,绿灯空放、二次排队的问题阻碍了路口的通行效率。

(4) 路口放行不协调,车辆多次停车

温榆河大桥两端路口放行缺乏协调,南北放行的不协调导致南北方向行驶车辆通过一个路口后在下一个路口还会停车,不仅造成了桥上排队的问题,也增加了车辆停等次数,停等次数多直接增加了路段延误时间,降低了路段通行效率,也破坏了交通参与者的体验感。

3) 解决方案

(1) 优化相序,协调放行

在原有相序基础上进行优化,平峰期维持原有相序,高峰期增设南直左相序,也就是单边放行,即多相位优化。考虑南北方向来车的不均衡性,如果按照传统的南北对放形式进行放行,势必会造成南进口二次排队或者北进口绿灯空放的问题,故采取南北直、南直左、南北左的放行方式。

(2) 多时段控制

经过全天流量调研和交通流相关性分析,考虑到路口较明显的潮汐现象,将全天分为8个时段,如表2-14、表2-15所示。在已优化相序的基础上,根据流量变化定时调整配时,提升时间与流量匹配性,保障时间利用率,满足路口单周期内排队车辆顺利通行的同时,也保障停车延误时间不会过大。

表 2-14 朝阳北路北口信号控制方案

配时方案	相阶 1			相阶 2			相阶 3			相阶 4			协调周期	相位差
	G	Y	R	G	Y	R	G	Y	R	G	Y	R	C	S
	东西直左			南北直			南北左			—			C	S
6:00—7:00	30	3	2	40	3	2	25	3	2	—	—	—	110	—
	东西直左			南北直			南直			南北左			C	S
7:00—8:30	35	3	2	50	3	2	10	3	0	27	3	2	140	—
	东西直左			南北直			南北左			—			C	S
8:30—11:20	30	3	2	40	3	2	25	3	2	—	—	—	110	—
	东西直左			南北直			南直			南北左			C	S
11:20—13:30	35	3	2	50	3	2	10	3	0	27	3	2	140	—
	东西直左			南北直			南北左			—			C	S
13:30—16:30	30	3	2	40	3	2	25	3	2	—	—	—	110	—
	东西直左			南北直			南直			南北左			C	S
16:30—19:00	35	3	2	50	3	2	10	3	0	27	3	2	140	—
	东西直左			南北直			南北左			—			C	S
19:00—23:00	30	3	2	40	3	2	25	3	2	—	—	—	110	—
	东西直左			南北直			南北左			—			C	S
23:00—6:00(次日)	30	3	2	35	3	2	20	3	2	—	—	—	100	—

备注：单位：s，人行灯跟随机动车相位；G：绿灯时间包含行闪及绿闪；Y：黄闪警示时间；R：全红清道时间

表 2-15 北马庄南路口信号控制方案

配时方案	相阶 1			相阶 2			相阶 3			协调周期	相位差
	G	Y	R	G	Y	R	G	Y	R	C	S
	西左			南北直			南单边			C	S
6:00—7:00	28	3	2	40	3	2	27	3	2	110	—
7:00—8:30	40			58			27			125	—
8:30—11:20	28	3	2	40	3	2	27	3	2	110	—
11:20—13:30	28			58			29			115	—
13:30—16:30	28	3	2	40	3	2	27	3	2	110	—
16:30—19:00	35			58			32			125	—
19:00—23:00	30	3	2	40	3	2	25	3	2	110	—
23:00—6:00(次日)	25			35			25			85	—

备注：单位：s，人行灯跟随机动车相位；G：绿灯时间包含行闪及绿闪；Y：黄闪警示时间；R：全红清道时间

（3）红波截流控制

经过对温榆河桥两侧及通顺路路段的交通调研,发现早高峰期间由北向南车流量极大,如此大的车流量与现有的道路条件形成的矛盾十分突出,在现有道路条件无法满足交通流需求的情况下,采用红波截流控制手段,对早高峰期间由通顺路北方向驶来的车辆进行截流控制,使得交通压力均衡分摊到路段各个路口,减轻下游路口的交通压力,避免发生交通拥堵。通州检测场路口信号配时方案如表2-16所示。

表2-16　通州检测场路口信号控制方案

配时方案	相阶1			相阶2			相阶3			相阶4			协调周期	相位差
	G	Y	R	G	Y	R	G	Y	R	G	Y	R	C	S
	东西直左			南北直			南北左			—				
6:00—7:00	32	3	2	23	3	2	31	3	2	24	3	2	130	0
7:00—8:30	37			23			36			24			120	—
8:30—11:20	32	3	2	23	3	2	31	3	2	24	3	2	130	0
11:20—13:30	37			23			36			24			120	—
13:30—16:30	32	3	2	23	3	2	31	3	2	24	3	2	130	0
16:30—19:00	37			23			36			24			120	—
19:00—23:00	32	3	2	23	3	2	31	3	2	24	3	2	130	0
	南北直左			西左			—			—				
23:00—6:00（次日）	60	3	2	30	3	2	—	—	—	—	—	—	100	0

备注：单位：s,人行灯跟随机动车相位;G：绿灯时间包含行闪及绿闪;Y：黄闪警示时间;R：全红清道时间

（4）反溢控制

北马庄南口南出口加装反溢检测器,开启反溢控制。反溢控制可以有效避免因出口反溢造成的路口卡死情况。加装反溢检测器之后,如果再次发生因下游路口无法及时清空排队车辆造成反溢现象,反溢检测器便可以自主检测反溢现象,并及时切断来车方向绿灯,避免反溢现象加剧。如图2-20所示为反溢截流示意图。

4）优化效果

（1）高峰期二次排队、低峰期绿灯空放问题得到缓解

通过设置多时段配时方案,根据各时段内交通流量特性设置各方向绿信比,高峰期采用大周期,减少轮换,降低启动延误时间,并且给车流量多的方向设置较大绿信比;低峰期采用小周期轮换,减少车辆停等时间,降低停车延误,同时根据平峰期车流量小的特性,合理设置绿灯放行时间。这些极大程度上解决了高峰期多次排队、低峰期绿灯空放的时间配比问题。

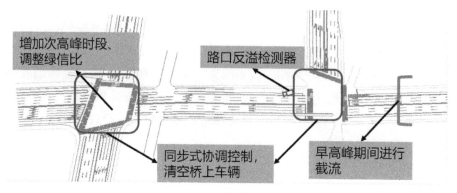

图 2-20　反溢截流示意图

（2）反溢问题彻底解决

通过加装的反溢检测器配合智能信号控制机实现反溢控制，对北马庄南口南出口进行反溢检测，即桥上排队车辆检测，检测器可以全天 24 小时不间断地对南出口进行实时监测，一旦发现有反溢趋势，立即向信号机发送反溢信号，信号机接收到信号后及时切断来车方向绿灯，阻止车辆继续驶入路口。通过这种新技术的应用，反溢问题彻底解决。

（3）停车延误时间缩短

在现有渠化环境条件下，经过对信号策略的分析与优化，新方案已经形成并下发至路口实行，合理的绿信比分配、科学的相序设置、创新的反溢控制、均衡的流量分配，大幅缩减了停车延误时间，最大程度地提升了路口通行效率。

2.4.3　齿轮式放行

齿轮式放行方式是针对环岛提出的信号协调控制方式。与一般的环岛放行方式相比，齿轮式放行方式是根据环岛各进口交通流量特征和距离，使主要车流分批进入环岛行驶，从而形成首尾相接的连续车流，起到缓解环岛内交通冲突、提升环岛通行效率的作用。

本节以果园环岛路口信号控制应用为例对齿轮式放行控制策略进行详解。

1）现状概述

如图 2-21 所示，果园环岛作为 5 条主要干道（新华南路、运河西大街、新城南路、通马路、通朝大街）的相交点，因其车流量大、冲突点多、相邻道路溢出严重等问题，始终是通州区交通治理的一大难题。根据实地调研、流量分析、策略可行性研究结果，最终形成了匹配果园环岛交通流特征的齿轮式放行方案。

图 2-21 果园环岛位置

如图 2-22 所示,果园环岛西南口因距离通马路与京塘路交叉口过近,所以未设置信号灯进行控制,故通过通马路与京塘路交叉口的信号灯对进出环岛南口的车辆进行控制。表 2-17 为该路口的信号配时图,全天分为 11 个时段,并且由于高峰期间东西向禁止左转,在高峰期间东西方向的左转箭头灯设置为熄灭状态。

图 2-22 果园环岛现场实际图片

表 2-17 通马路与京塘路交叉口信号控制方案

配时方案	相阶 1			相阶 2			相阶 3			相阶 4			相阶 5			协调周期	相位差
	G	Y	R	G	Y	R	G	Y	R	G	Y	R	G	Y	R	C	S
	东西直			东西左			南直左			南北直左			北直左				
6:00—7:00	34	3	0	25	3	0	11	3	0	30	3	0	15	3	0	130	0
7:00—9:00	60	3	2	熄灭(4)			20	3	2	30	3	2	30	3	2	160	0
9:00—10:10	48	3	0	26	3	0	11	3	0	30	3	0	20	3	0	150	0
10:10—11:30	41	3	0	25	3	0	11	3	0	30	3	0	18	3	0	140	0
11:30—13:30	32	3	0	22	3	0	11	3	0	25	3	0	15	3	0	120	0
13:30—16:00	34	3	0	25	3	0	11	3	0	30	3	0	15	3	0	130	0
16:00—18:00	40	3	2	熄灭(4)			20	3	2	30	3	2	30	3	2	140	0
18:00—19:00	60	3	2	熄灭(4)			20	3	2	30	3	2	30	3	2	160	0
19:00—20:00	40	3	2	熄灭(4)			20	3	2	30	3	2	30	3	2	140	0
20:00—23:00	34	3	0	25	3	0	11	3	0	30	3	0	15	3	0	130	0
23:00—6:00(次日)	28	3	0	17	3	0	11	3	0	20	3	0	10	3	0	100	0

备注：单位：s，人行灯跟随机动车相位；G：绿灯时间包含行闪及绿闪；Y：黄闪警示时间；R：全红清道时间

2）问题分析

（1）绿灯空放现象突出

如图 2-23 所示，环岛路口与环岛南口无协调，导致蓄车段绿灯空放明显，绿灯利用率低。

（2）相邻路口车流存在溢出问题

如图 2-24 所示，环岛路口与环岛南口缺乏联动控制，导致蓄车段经常性反溢，造成路口卡死。

图 2-23 绿灯空放图

图 2-24 路口反溢图

（3）南口东西方向高峰期左转箭头灯熄灭

如图 2-25 所示，左转箭头灯熄灭。

图 2-25　左转箭头灯熄灭

（4）禁止左转标志牌未设置

如图 2-26 所示，无禁左标志牌。

图 2-26　无禁左标志牌

（5）左转箭头灯设置不合理

如图 2-27 所示，左转箭头灯设置不合理。

图 2-27　左转箭头灯设置不合理

(6) 冲突点突出

冲突点突出表现在以下几个方面：

a. 环岛路口北出口受路面施工影响，机非冲突明显。

b. 环岛路口北出口掉头车辆与直行车辆交织冲突。

c. 环岛南口北出口渠化设置存在两车道咽喉区，造成明显合流冲突。

d. 环岛南口南北直左冲突。

3) 解决方案

(1) 改造环岛南口

为了获得更好的信控协调效果，可以对环岛南口进行改造，包括增加可变信号灯、限时禁止左转标志等，具体见图2-28。

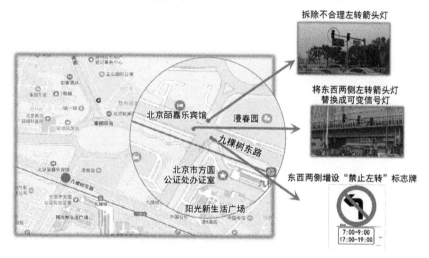

图2-28 环岛南口改造示意图

(2) 信号配时优化

改变原有的放行顺序和放行方式。从原有的两相位改为多相位，通过控制新城南路路口、运河大街两路口、通马路路口（利用南口进行控制）以及新华南街路口共5个路口的信号灯。根据5个信控路口的特点，让主要车流分批到达转盘，实现环岛内有序通行。

第一相序：新华南路路口与通马路路口同时放行45 s。

第二相序：运河西大街路口与通朝大街路口同时放行，此时通马路路口放行北单边15 s。

第三相序：运河西大街路口与通朝大街路口同时放行，此时通马路路口放行东西直行40 s。

第四相序：单独放行新城南路路口，此时通马路路口放行东西直行 15 s。

第五相序：单独放行新城南路路口，此时通马路路口放行北单边 15 s。

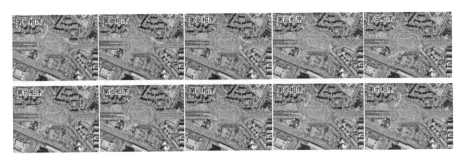

图 2-29 果园环岛齿轮式放行示意图

4）效果

经过这一城市副中心首创的环岛齿轮式放行，破解了环岛冲突壁垒。优化效果主要有以下三点：

a. 顺时针齿轮式放行成功从时空上减少冲突，提升环岛系统整体效率。

b. 环岛南口多次放行，有效避免南口反溢现象。

c. 多时段多相位精细化配时控制方案，提升流量匹配性，提升车流放行效率。

在方案的实施、持续跟进及适当调整后，果园环岛运行情况趋于稳定，基本实现轮流到达的控制目的，有效缓解该环岛的拥堵。

2.4.4 大小周期式放行

在单点信号控制优化基础上，针对两相邻路口距离过近、中间路段蓄车能力不足的情况，需要采用联动控制方式对两路口进行综合考虑。联动控制的基础是要保障两路口信号控制方案周期的一致性，如果两路口规模相差较大，无法采用相同周期控制时，就需要运用大小周期的联动控制方式来解决实际问题。大小周期式放行方式是指对规模相对较小的路口通过一大一小两个周期的信号控制方案实现与较大路口周期的一致，例如较大路口的信号控制周期为 160 s，那么较小路口就可以采用周期分别是 100 s 和 60 s 的两个信号控制方案实现协调周期的一致，从而实现联动效果。

本节以赵登禹大街与故城东路交叉口信号控制实际应用为例对大小周期式放行控制策略进行详解。

1）现状概述

图 2-30 的 T 形路口为赵登禹大街与故城东路交叉口，它是通州区的重要路口

之一，有东、南和北三个进口。故城东路北口为故城东路与新华东街交叉口。

图 2-30　赵登禹大街与故城东路交叉口示意图

赵登禹大街与故城东路交叉口渠化情况如图 2-31 所示。

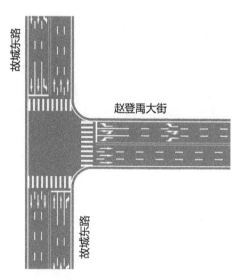

图 2-31　赵登禹大街与故城东路交叉口渠化图

早高峰时段(7:00—9:00)路口南北进口直行、东进口左转和北进口的左转为主要车流。

故城东路北口原放行方案为四个方向轮放,周期为160 s。赵登禹大街与故城东路交叉口原放行方式为南北对放、东边,周期为98 s。两个路口单点控制,且全天为一套固定配时方案,分别如表2-18、表2-19所示。

表2-18 故城东路北口信号控制方案

配时方案	相阶1			相阶2			相阶3			相阶4			协调周期	相位差
	G	Y	R	G	Y	R	G	Y	R	G	Y	R	C	S
	东西直			东西左			南北直			南北左				
23:00—6:00	26	3	0	18	3	0	26	3	0	18	3	0	100	0
	西直左			东直左			南北直			南北左			—	—
6:00—11:45	31	3	0	31	3	0	31	3	0	25	3	0	130	16
11:45—22:00	31	3	0	31	3	0	31	3	0	25	3	0	130	16
22:00—6:30	31	3	0	31	3	0	31	3	0	25	3	0	130	16
	西直左			东直左			南直左			北直左			—	—
6:30—7:10	34	3	1	35	3	0	36	3	1	30	3	1	150	142
7:10—8:20	33	3	1	43	3	0	48	3	1	31	3	1	170	140
8:20—9:10	33	3	1	40	3	0	51	3	1	31	3	1	170	140
9:10—10:00	34	3	0	33	3	0	33	3	0	28	3	0	140	13
10:00—13:30	37	3	0	32	3	0	32	3	0	27	3	0	140	13
13:30—16:50	34	3	0	33	3	0	28	3	0	33	3	0	130	21
16:50—17:20	39	3	1	30	3	1	30	3	1	35	3	1	140	10
17:20—19:10	45	3	1	35	3	1	34	3	1	40	3	1	130	33
19:10—23:00(次日)	37	3	0	32	3	0	32	3	0	27	3	0	140	33

备注:单位:s,人行灯跟随机动车相位;G:绿灯时间包含行闪及绿闪;Y:黄闪警示时间;R:全红清道时间

表2-19 故城东路与赵登禹大街交叉口信号控制方案

配时方案	相阶1			相阶2			相阶3			相阶4			相阶5			相阶6			协调周期	相位差
	G	Y	R	G	Y	R	G	Y	R	G	Y	R	G	Y	R	G	Y	R	C	S
	南北直			北直左			东左			南北直			北直左			东左				
6:00—6:30	28	3	0	12	3	0	20	3	0	28	3	0	12	3	0	20	3	0	130	84
6:30—7:10	30	3	0	20	3	0	25	3	0	20	3	0	15	3	0	22	3	0	150	80
7:10—8:20	35	3	2	20	3	0	22	3	0	25	3	0	20	3	2	22	3	0	170	65
8:20—9:10	35	3	2	20	3	0	22	3	0	25	3	0	20	3	2	22	3	0	170	65
9:10—11:45	30	3	0	15	3	0	21	3	0	20	3	0	14	3	0	22	3	0	140	90

续表

配时方案	相阶1			相阶2			相阶3			相阶4			相阶4			相阶4			协调周期	相位差
	G	Y	R	G	Y	R	G	Y	R	G	Y	R	G	Y	R	G	Y	R	C	S
	南北直			北直左			东左			南北直			北直左			东左				
11:45—13:30	28	3	0	12	3	0	20	3	0	20	3	0	12	3	0	20	3	0	130	84
13:30—16:50	30	3	0	15	3	0	21	3	0	20	3	0	14	3	0	22	3	0	140	90
16:50—17:20	30	3	0	20	3	0	22	3	0	20	3	0	18	3	0	22	3	0	150	107
17:20—19:10	35	3	3	23	3	0	22	3	0	20	3	0	20	3	2	20	3	0	170	141
19:10—23:00	25	3	0	20	3	0	33	3	0	18	3	0	15	3	0	22	3	0	140	20
	南北直(北左熄灭)			东左			南北直(北左熄灭)			东左										
23:00—6:00（次日）	24	3	0	20	3	0	24	3	0	20	3	0	—	—	—	—	—	—	100	40

备注：单位：s，人行灯跟随机动车相位；G：绿灯时间包含行闪及绿闪；Y：黄闪警示时间；R：全红清道时间

2）问题分析

a. 早晚高峰期间，车流量较大，故城东路北口南出口容易发生反溢情况，导致绿灯利用率低。

b. 赵登禹大街与故城东路交叉口北出口下游路段饱和，容易发生反溢，南向北车辆排队过长，导致东进口车辆被南北向车流拦截，无法通行，路口发生"锁死"。

c. 全天一套配时方案效率过低，对全天双高峰的流量特征响应较差。

3）解决方案

针对上述问题，去现场进行实地浮动车测试与观察，通过实际驾驶信息做出以下协调优化信控方案：

a. 故城东路北口相序优化。早晚高峰期间为四个方向轮放，平峰期间东西轮放、南北对放。

b. 赵登禹大街与故城东路交叉口相序优化。由南北对放、东边改为南北对放、北单边、东边。

c. 赵登禹大街与故城东路交叉口配时优化。路口由"单一周期"改为"大小周期"，即连续的两个"南北对放、北单边、东边"放行时间长短不同，但每两个"南北对放、北单边、东边"放行时间总和相同。

d. 故城东路北口、赵登禹大街与故城东路交叉口统一划分时段、统一周期。

e. 故城东路北口、赵登禹大街与故城东路交叉口每个时段设置不同的相位差，协调相同方向行驶的车辆，减少等待时间。

赵登禹大街与故城东路交叉口"第一个周期"对应故城东路北口东西方向放行，则故城东路北口东西方向右转及左转至赵登禹大街与故城东路交叉口的车辆

连续放行;赵登禹大街与故城东路交叉口"第二个周期"对应故城东路北口南北放行,则南北通行车辆可以连续不停车通过两个路口。

4) 优化效果

联动控制不仅减少了赵登禹大街与故城东路交叉口北进口车辆排队长度,而且能有效防止两个路口发生反溢,极大地提升了路口空间与绿灯时间利用率。

在进行大小周期这种设置时,要关注小周期的行人过街时间是否足够,在保障小周期行人过街时间足够的情况下调大周期。在流量峰值对比明显的路口,这种放行方式是否会产生副作用,从而导致车辆等待时间的增加以及绿灯空放,这需要对路口进行整体综合判断。

2.5 可变车道控制

2.5.1 概念

可变车道信号控制指根据交通各流向流量的变化,通过调整交叉口的车道功能实现路口空间资源优化分配,以适应路口不同时段各流向流量不均衡状况的一种控制方式。

2.5.2 基本原理

可变导向车道作为一种灵活的交通管理措施,在不改变道路物理状态的条件下,通过增加一些道路基础设施,并根据交叉口转向交通流量分布比例的具体情况对车道的功能属性进行调整,进而提高交叉口道路资源的利用率,缓解交叉口拥堵。

可变车道信号控制需要满足以下四个方面的条件:

(1) 道路渠化

a. 进口道要求至少有 4 条渠化车道,保证左转、直行、右转车辆均能顺利通行,且留有多余空间用于设置可变车道。

b. 有专用左转车道保证左转车流的通行。

(2) 交通流量

根据路段上各车道交通流量特征来确定。当交叉口某一方向流量开始增大,且该方向车道比其他方向车道明显拥堵,说明该方向车道通行能力无法满足交通需求,需要通过改变车道功能,即通过增加该方向车道数来提高通行能力。

(3) 信号配时

交叉口在该方向必须具备两相位,即可独立分开设置的两相位。

(4) 交通流量检测器布设

可变车道信号控制依赖实时交通数据。因此需要在各方向车道布设合适的交通流量检测器,以此获取不同方向车道的实时流量,根据流量的变化来确定可变车道的类型。为了使可变车道信号控制措施发挥最大效益,建议交叉口可变车道信号控制启用阈值如表 2-20 所示。

表 2-20 交叉口可变车道信号控制启动阈值

交叉口车道饱和度	研究流向流量增加百分比阈值/%	交叉口车道饱和度	研究流向流量增加百分比阈值/%
0.60	104	0.75	33
0.65	77	0.8	16
0.70	54	0.85	1

2.5.3 控制方法

1) 可变车道标志

通过设置车道上方的可变导向车道标志实现车道功能变化。目前,可变导向车道标志常用的两种模式为机械式和 LED 式。机械式可变导向车道标志,采用卷幅或翻板等机械结构变换标志图案;LED 式可变导向车道标志是目前应用较为广泛的形式,采用白色 LED(发光二极管)显示标志图案。如图 2-32 所示为运河东大街与通济路交叉口可变车道指示牌。

图 2-32 运河东大街与通济路交叉口可变车道指示牌

可变导向车道标志根据道路进口道渠化段的长短不同,可以设置1处或者多处,起到反复提示作用,避免驾驶人错过车道标志信息而不能及时调整所行驶的车道。

(2) 可变车道地面标线

在新版的《道路交通标志和标线》(GB 5768—2009)中,已经对可变导向车道标线进行了规定,如图 2-33 所示为运河东大街与通济路交叉口可变车道标线。

图 2-33　运河东大街与通济路交叉口可变车道标线

有时为提高驾驶人对可变车道的视认性,也会在实施可变导向车道的上游路段设置文字式的辅助标志牌,如图 2-34 所示。根据标志牌立杆的大小,有时辅助标志牌也可以安装在可变导向车道标志牌的立杆上,用于提示驾驶人按照导向车道指示的车道方向通行。

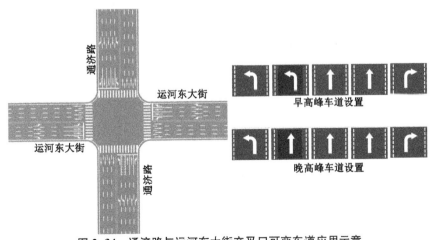

图 2-34　通济路与运河东大街交叉口可变车道应用示意

2.5.4 案例介绍

通济路与运河东大街交叉口位于北京市行政办公区域,临近北京市委、市政府等政府机关,是行政办公区通勤交通流的重要节点,且东夏园地铁站出入口设立在此交叉口,非机动车和行人过街需求也十分突出。根据此路口的交通流量特征调研结果显示,路口具有十分明显的潮汐性。根据这样的交通流特征,为了提高全天各时段车道与交通流的匹配度,提升空间资源利用率,路口南进口运用了可变车道控制,以此缓解高峰期因道路空间分配不合理导致的拥堵。

2.6 可变信号灯控制

2.6.1 概念

可变信号灯控制指在不同的时间段根据路口不同转向交通流特征选择转弯车道信号灯为圆盘灯或者箭头灯,对路口转弯车辆的通行实现灵活控制的一种信号灯控制方式。

2.6.2 基本原理

信号控制在实际应用过程中,部分路口在低峰时段车流量处于较低水平,但是由于路口安装有左转信号灯,导致低峰时段即使车流量水平很低,但还是要实行标准四相序组合或其他相对较复杂的相序组合方式,进而增大了路口信号控制方案周期,增加了车辆夜间无效的等待时间。

目前国标中关于安装有左转箭头灯的交叉口实行两相位应用有明确描述:安装有左转箭头灯的路口,若实行两相位控制需将左转箭头方向指示灯熄灭或切换至圆盘灯;目前行业主要应对方式是熄灭左转箭头方向指示灯,但灯具熄灭易造成驾驶员误解为灯具损坏,从而造成左转车辆无法辨识当前相位是否可以通行,存在一定安全隐患。

2.6.3 控制方法

运用可变信号灯灯具,通过信号机控制端配置,实现左转箭头灯和圆盘灯的自动切换,高峰期、平峰期可变信号灯灯具为箭头灯,交叉口正常运行相对较复杂的相序组合;低峰期或禁左管控时段可变信号灯切换为圆盘灯,交叉口运行两相位或其他相对较简单的相序组合方式,有效压缩交叉口信控周期,减少交叉口停车延误时间。

基于此,在北京城市副中心信号控制实战应用中,提出了运用可变信号灯满足低峰期两相位和部分时段禁左的应用场景。本节以京榆旧线与芙蓉东路交叉口实际信号控制应用为例,详细介绍可变信号灯在北京城市副中心的应用效果。

2.6.4 案例介绍

如图 2-35 所示,京榆旧线与芙蓉东路交叉口为通州区主城区内两条城市主干道相交点,北面临近友谊医院、东面临近居民区、南面除居民区外还有通燕高速下口耿庄桥路口,西面主要为商业街和通州北关地铁站,周围交通吸引点密集,全天整体交通流量较大,承载了很大的交通压力,同时,该路口车流量波动明显,夜间低峰期车流量小。

图 2-35 京榆旧线—芙蓉东路交叉口示意图

1)现状分析

如表 2-21 所示,现状交叉口全天采用 11 套配时方案、标准 4 相序放行方法,夜间时段为 23:00—06:00(次日),主要保障京榆旧线与芙蓉东路交叉口的车辆通行效率。

表 2-21 优化前信控方案

配时方案	相阶 1			相阶 2			相阶 3			相阶 4			周期	相位差
	G	Y	R	G	Y	R	G	Y	R	G	Y	R	C	S
	南北直			北直左			东左			南北直				
6:00—6:30	35	3	0	25	3	0	30	3	0	28	3	0	130	84
6:30—7:10	42	3	0	27	3	0	34	3	0	35	3	0	150	80
7:10—8:20	45	3	0	32	3	0	39	3	0	42	3	0	170	65

续表

配时方案	相阶1			相阶2			相阶3			相阶4			周期	相位差
	G	Y	R	G	Y	R	G	Y	R	G	Y	R	C	S
	南北直			北直左			东左			南北直				
8:20—9:10	37	3	0	25	3	0	33	3	0	33	3	0	140	65
9:10—11:45	35	3	0	25	3	0	30	3	0	28	3	0	130	90
11:45—13:30	37	3	0	25	3	0	33	3	0	33	3	0	140	84
13:30—16:50	42	3	0	27	3	0	34	3	0	35	3	0	150	90
16:50—17:20	45	3	0	32	3	0	39	3	0	42	3	0	170	107
17:20—19:10	37	3	0	25	3	0	33	3	0	33	3	0	140	141
19:10—23:00	35	3	0	25	3	0	30	3	0	28	3	0	130	20
23:00—6:00(次日)	30	3	0	15	3	0	28	3	0	15	3	0	100	40

备注：单位：s，人行灯跟随机动车相位；G：绿灯时间包含行闪及绿闪；Y：黄闪警示时间；R：全红清道时间

(1) 夜间信号控制方案分析

现行夜间信控方案是针对当前渠化、信号灯具条件下，考虑行人过街最小绿灯时间所能采用的最小周期方案，如表2-22所示。

表2-22 夜间信控方案

配时方案	相阶1			相阶2			相阶3			相阶4			周期	相位差
	G	Y	R	G	Y	R	G	Y	R	G	Y	R	C	S
	南北直			北直左			东左			南北直				
23:00—06:30	30	3	0	15	3	0	28	3	0	15	3	0	100	40

备注：单位：s，人行灯跟随机动车相位；G：绿灯时间包含行闪及绿闪；Y：黄闪警示时间；R：全红清道时间

(2) 夜间流量、停车延误分析

如图2-36所示，夜间各流向车流量较其他时段有明显下降趋势，每小时各流向车流量之和基本在50辆以下。

夜间现行配时方案各流向车辆及行人等待时间均在65 s以上。

(3) 问题表现

夜间绿灯空放现象会给驾驶员带来较差的出行体验，交通延误也会增加，期间产生的尾气排放对环境也造成了污染。

同时，等待时间过长会间接增加过街行人闯红灯概率，加上夜间车辆行驶速度较快，在一定程度上会增加路口安全隐患。

图 2-36 京榆旧线与芙蓉东路交叉口全天流量分析图

表 2-23 京榆旧线与芙蓉东路交叉口夜间等待时间统计

方向	等待时间（s）	
	直行、行人	左转
北进口	67	85
东进口	69	85
南进口	67	85
西进口	69	85

（4）解决方案

a. 安装可变信号灯

● 四方向现有箭头灯统一更换为可变信号灯。

● 可通过信号机端子控制可变信号灯,实现圆盘灯与左转箭头灯的切换,同时可以实现更加灵活的相位组合方式,如图 2-37 所示。

b. 夜间两相位

运用可变信号灯后,在保持其他时段配时方案不变的情况下,夜间方案真正实现最小周期控制,即夜间两相位。如表 2-24 所示为优化后的夜间信控方案。

表 2-24 优化后的夜间信控方案

配时方案	相阶 1			相阶 2			相阶 3			相阶 4			周期	相位差
	G	Y	R	G	Y	R	G	Y	R	G	Y	R	C	S
	南北直左混放			东西直左混放			—			—				
23:30—05:30	30	3	0	28	3	0							64	40

备注：单位:s,人行灯跟随机动车相位;G:绿灯时间包含行闪及绿闪;Y:黄闪警示时间;R:全红清道时间

周期从优化前 100 s 减少至 64 s,减少比率 36%。

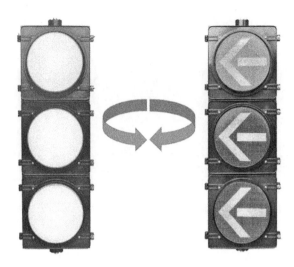

图 2-37 可变信号灯

各流向车辆及过街行人等待时间降幅明显,南北直行降低 53.73%、南北左转降低 63.53%、东西直行降低 52.17%、东西左转降低 61.18%。如表 2-25 所示为优化前后等待时间分析。

表 2-25 优化前后等待时间分析(单位：s)

方向	前后等待时间分析					
	优化前		优化后		缩减比例	
	直行、行人	左转	直行、行人	左转	直行、行人	左转
北	67	85	31	31	53.73%↓	63.53%↓
东	69	85	33	33	52.17%↓	61.18%↓
南	67	85	31	31	53.73%↓	63.53%↓
西	69	85	33	33	52.17%↓	61.18%↓

2.7 反溢控制

2.7.1 概念

反溢是指下游交叉口车辆排队蔓延至相邻的上游交叉口的交通现象,通常发生此现象的路口和其相邻路口之间的距离较近。当有车队溢出、车辆前进缓慢或停止不动时,不仅导致当前方向拥堵,也容易导致信号灯切换的通行方向上车辆无法前行,即路口"卡死",只能等待排队车辆疏散。因此,当路口发生反溢时,它的通行能力和效率都是很低的。

反溢控制指利用安装在道路交叉口出口道的车辆检测器,实时监测排队长度参数与排队溢出事件,根据实时情况及时调节交通信号控制方式,预防交叉口排队溢出问题的一种控制方式。

2.7.2 基本原理

反溢检测相机通过视频分析和人工智能算法,对反溢易发区域进行实时监测,并将分析得出的实时反溢状态传输给交通信号控制机后,交通信号控制机接收到前端感知系统传输来的实时数据,通过内部信号策略分析模块进行相匹配的信号控制,即信号机接收到出口方向即将发生反溢的信息后,及时响应,切断来车方向车流放行的绿灯即切断反溢车流的通行权,包括直行和左转车辆,直到该相位阶段结束后恢复至原来的固定配时方案控制。同时在切断反溢方向通行权时,其他方向车流仍可通行,最大限度地保证了原有相位以及交叉口通行能力。

2.7.3 控制方法

通过在交叉口易发生反溢的出口道增设感知设备,实时监测出口道排队情况和反溢趋势,实时推送数据给信号机,信号机为避免交叉口因反溢而形成"卡死"现象,及时切断来车方向绿灯,避免出口排队车辆溢出至路口。

2.7.4 案例介绍

本着"需求导向、效果优先"的原则,选取目前仍存在明显"卡死"现象的路口实施反溢控制。目前在通州共有15个路口、15个方向点位安装了反溢检测器,并开启了反溢控制方案。这15个典型路口采用反溢控制策略,在副中心信号优化工作后,通过合理配时及上下游路口协调控制,大部分路口反溢现象已经明显缓解,在此,以四员厅路口为例进行详细介绍。

四员厅路口实行反溢控制后,北向南切换为红灯,禁止通行,此时南向北仍可通行,反溢控制前后效果如图2-38、图2-39所示;交叉口南出口车辆放行,后续车流被拦截,而路口"卡死"现象消失,保障下一相位的放行顺畅;与此同时,南向北仍可通行,极大限度地保证了原有相位以及交叉口的通行能力。在控制解决问题

图 2-38 优化前四员厅路口反溢情况

图 2-39 四员厅路口运用反溢控制后运行情况

层面,只对问题车流进行管制,同时极大程度地保障了相位内其他方向车流的通行权,对不相关车流的影响控制在极低的水平,综合考虑了多方面情况,保证了通行效率,实现了真正的"精细化"。

2.8 借道左转

2.8.1 概念

我国城市道路交通具有非常显著的干道交通流特征,在交通拥堵日渐常态化的形势面前,交通管理部门在日常工作中,为了尽量保障主干道畅通,往往会自觉或不自觉地对左转交通流采取"给出路不给方便"的控制策略。因此,左转相位的绿信比会比较小,左转车辆拥堵排队严重,或存在左转车辆二次排队现象。

"借道左转"是指借用对向出口道空间设置左转车道,并合理设置信号控制方式,巧妙地利用交叉口的时间、空间关系,提高左转车辆通行能力的交通组织方式。如图 2-40 所示为借道左转示意图。

图 2-40 借道左转示意图

2.8.2 基本原理

进口道中央隔离护栏在距离交叉口 50 m 左右的位置设置一个开口,并在开口位置设置借道左转提醒信号灯和指示线,当信号灯显示"允许借道"时,车辆可通过开口借用出口道进行左转;中央护栏的端头配合增设禁止掉头标志,让所有的掉头车辆全部由护栏开口处掉头,避免掉头车辆与左转车辆发生冲突;同时配合信号控制的方式,让东西方向先放行左转车辆,后放行直行车辆,当东西向左转车辆放行时,东西向直行车辆可以驶入直行待行区等待直行。

借道左转适用条件:

(1) 交通流量条件(左转交通需求)

交通流量条件为左转单车道流量大于直行流量。

(2) 道路条件

a. 主干道与主干道交叉口或主干道与次干道交叉口。

b. 双向六车道以上(含六车道)。

c. 出口道三车道以上(含三车道)。

(3) 信控条件

a. 相位相序允许先左转再直行。

b. 原有左转绿灯时间为 25 s 以上。

(4) 交通管理条件

a. 交通管理基础较好,交通秩序良好,行人非机动车遵章率高,行人非机动车对机动车的干扰非常小。

b. 白天有民警或协警在路口管理,至少早晚高峰有警力在路口管理。

c. 辖区大队、中队及路面民警有实施借道左转、解决左转问题的共识,并能够在实施借道左转的第一周派人到借道左转区进行引导。

2.8.3 控制方法

借道左转的控制方法包括:

a. 在左转流量大的早晚高峰时段,或者在白天能见度好、视认性好的情况下实行借道左转。夜间左转流量比较小,同时为了确保安全,夜间不建议实行借道左转。

b. 横向道路的右转车辆轨迹线要规范,通过施划导流线,引导其右转后走在最外侧的车道,避开其对借道区的干扰和安全威胁。

c. 借道区(对向直行车的出口道),除了一股车道用作右转外,另外要预留一股车道作为冗余车道(一是隔离作用,二是在突发事件下,不至于堵塞对向直行和横向道路左转车流),其他车道才能用作借道左转。

d. 横向道路的出口车道数应大于或等于纵向道路原有左转车道数与借道左转车道数之和。

e. 借道左转的中心护栏开口位置,应在进口车道的禁止变换车道实线段之前(主干道至少在路口停止线后 50 m,建议 50~70 m 为宜)。

f. 借道左转的中心护栏开口宽度以 15 m(五节护栏)为宜,方便机动车顺畅地进入借道左转区。

g. 为了避免不必要的理解上的歧义,借道左转区在路口不能施划停止线。

h. 根据现场调查的实际情况,信控设计既要考虑进入借道左转区的车辆无停车通过路口,也要考虑借道左转区的绿灯冗余和借道左转开口起始处的红灯时间提前,起到清空作用,确保安全。

2.8.4 案例介绍

梨园南街是通州城区南部一条东西走向的城市次干路,与临河里路、玉桥中路交叉口是此条道路上一个重要的平交路口,如图 2-41 所示。该路口西向与京津公路相交;北向可驶入玉桥地区,去往通州区妇幼保健院和运河西大街;南向驶入临河里路,去往砖厂地区、地铁八通线土桥站,是交通流量集散的重要路口。

图 2-41 梨园南街与临河里路、玉桥中路交叉口位置图

1) 路口拥堵现状

a. 梨园南街与临河里路交叉口东进口左转仅 1 条车道,晚高峰时段左转车辆拥堵排队严重,排队长度达到 200 m,排队占比为 0.56,且存在左转车辆二次排队现象。

b. 晚高峰各方向车流量不均衡,北向和东向车流量大,西向和南向相对较少。

c. 东进口晚高峰左转单车道流量大于直行流量。东西左转流量分布不对称,西向左转存在空放现象。

d. 白天东西向左转时间均大于 25 s,晚高峰左转放行时间长达 36 s,依靠增加左转放行时间已经无法满足东进口的左转需求。

如图 2-42 所示为路口拥堵现状图,表 2-26 为梨园南街与临河里路、玉桥中路交叉口现状配时方案。

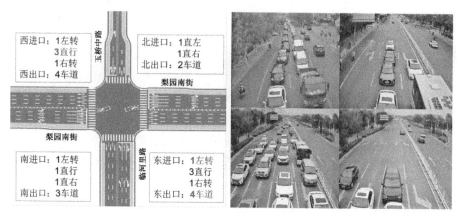

图 2-42 路口拥堵现状图

表 2-26 梨园南街与临河里路、玉桥中路交叉口现状配时方案

配时方案	相阶1			相阶2			相阶3			相阶4			周期	相位差
	G	Y	R	G	Y	R	G	Y	R	G	Y	R	C	S
	东西直			东西左			南北直左混行			—				
7:00—8:30	32	3	2	32	3	2	41	3	2	—	—	—	120	84
8:30—16:20	30	3	2	25	3	0	32	3	2	—	—	—	100	80
	东西直			东西左			北单边			南北直左混行			—	
16:20—19:00	35	3	2	36	3	2	10	3	0	28	3	5	130	65
	东西直			东西左			南北直左混行			—				
19:00—23:00	35	3	0	25	3	0	30	3	0	—	—	—	99	20
23:00—7:00(次日)	30	3	0	15	3	0	28	3	0	—	—	—	82	40

备注：单位：s，人行灯跟随机动车相位；G：绿灯时间包含行闪及绿闪；Y：黄闪警示时间；R：全红清道时间

2）解决方案

针对该路口的拥堵问题，最终确立了围绕借道左转新应用而展开的一系列路口改造工作。采取的优化措施如下：

由于道路条件有限，无法通过增加车道数缓解路口拥堵状况，且依靠增加左转放行时间已经无法满足东进口左转需求。在此基础上，采用允许左转车辆借用对向车道左转的新型通行方式，以提升路口的通行效率。借道左转改造方案如图 2-43 所示。

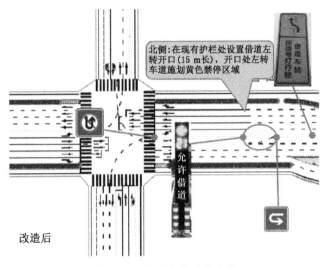

图 2-43　借道左转改造方案

改造措施包括：

(1) 工程改造

a. 在距离停止线 50 m 处，利用现有护栏设置借道左转开口(15 m 长)，开口区域左转车道施划黄色禁停网格线，使借道左转车辆通过开口驶入对向车道，实现借道行驶。

b. 中央护栏端头设置禁止掉头标志，避免掉头车辆与借道左转车辆冲突。

c. 护栏开口处设置允许调头和借道左转标志，提示驾驶员由开口处掉头，掉头车辆可全天候掉头，减少左转车辆对掉头车辆的影响。

d. 开口处增设借道左转信号灯，通过红绿灯控制方式，控制车辆的借道行驶。

(2) 信号策略调整

调整东西向放行顺序，由先放直行改为先放左转。

(3) 持续升级

综合应用前端检测及智能信号控制系统，对车道排队长度进行检测，当排队长度满足一定条件时，自动启用借道左转方案。

a. 直行待行区

直行待行区是指该路口先放行左转车辆，后放行直行车辆，在道路的左转指示灯变绿即左转放行时，直行车辆可前行到直行待行区，待直行信号为绿灯时即可迅速通过路口，以此来提高路口通行效率，缓解拥堵。改造方案如图 2-44 所示，具体包括：

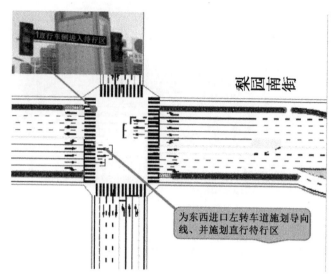

图 2-44　直行待行区改造方案

● 清除路口东西向左转待行区,并施划直行待行区,东西左转相位时,直行车辆进入直行待行区。

● 出口道信号灯杆上加装"直行车辆进入待行区"LED 电子提示屏及匹配的提示牌,东西方向左转绿灯亮时,提示车辆驶入待行区。

b. 改造后路口放行方式及配时方案(图 2-45、表 2-27)

图 2-45　改造后路口放行方式示意

表 2-27　改造后路口配时方案

配时方案	相阶 1			相阶 2			相阶 3			相阶 4			相阶 5			周期	相位差
	G	Y	R	G	Y	R	G	Y	R	G	Y	R	G	Y	R	C	S
	北单边			南单边			南单边+借道左转			东西左			东西直				
7:00—9:20	34	3	2	10	0	0	18	3	2	32	3	2	31	3	2	145	84
9:20—17:10	25	3	2	10	0	0	17	3	2	24	3	2	24	3	2	120	80
17:10—19:00	38	3	2	10	0	0	18	3	2	29	3	2	35	3	2	150	65

续表

配时方案	相阶1			相阶2			相阶3			相阶4			相阶5			周期	相位差
	G	Y	R	G	Y	R	G	Y	R	G	Y	R	G	Y	R	C	S
	北单边			南单边			南单边+借道左转			东西左			东西直				
19:00—23:00	25	3	2	10	0	0	17	3	2	24	3	2	24	3	2	120	20
	南北直左			东西左			东西直			—			—				
23:00—7:00(次日)	30	3	0	17	3	0	34	3	0	—			—			90	40

备注：单位：s，人行灯跟随机动车相位；G：绿灯时间包含行闪及绿闪；Y：黄闪警示时间；R：全红清道时间

设置借道左转及直行待行区后，调整路口放行方式为：

- 调整为五相位放行，第一相位为北单边放行；第二相位为南单边放行；第三相位为南单边+借道左转放行，开口处借道左转信号灯变绿灯，车辆可进入借道车道待行；第四相位为东西左转，此时开口处借道左转信号灯变红灯，禁止借道，左转（左转车道及借道车道待行）车辆左转，东西向直行车辆驶入待行区待行；第五相位为东西直行，此时直行待行区车辆可直行通过路口。
- 第二相位的10 s放行目的为清空北向左转车辆，避免北向左转车辆与借道左转车辆发生冲突。
- 取消路口左转待行区，采用借道左转+直行待行的放行方式，东西向由原来先放行直行车辆、后放行左转车辆，调整为先放行左转车辆、后放行直行车辆，开口处借道左转信号灯配时与左转信号灯配时协调控制，早亮早灭。
- 路口设置直行待行提示屏，东西向左转绿灯亮起时，提示"直行车辆进入待行区"，驾驶员在上述设施引导下完成借道左转与直行待行。
- 路段的协调控制调整以梨园南街与玉桥中路交叉口为中心路口进行路段协调。

借道左转实施后，东向南左转车辆拥堵问题得到缓解，在行驶更顺畅的同时势必会有更大的交通吸引，后续根据车流量的变化持续跟踪调整配时方案，实现路口精细化配时方案控制下的新技术应用。

2.9 感应控制

2.9.1 概念

感应控制是指当前运行的信号方案周期及各相位放行时间根据车辆检测器

检测到的实时车流量数据而变化的控制方式。感应控制和定周期控制相比,可以实现路口信号控制方案与交通流数据的实时匹配,从而降低通行延误、减少停车次数,提高交叉口的通行效率。

2.9.2 基本原理

感应控制工作原理如下：绿灯信号亮起时,感应信号控制器先给出一个最短绿灯时间(T_{min}),在最短绿灯时间间隔内无后继车辆到达则绿灯结束;如检测器检测到有后继车辆到达,则每检测到一辆车,绿灯延长一预制的单位时间(T_0),在该时段中车辆到达中断则绿灯结束;若车辆连续到达,绿灯延续,直至最长绿灯时间(T_{max}),信号相位变换。

2.9.3 控制方法

感应信号参数主要包括：最短绿灯时间(T_{min}),单位绿灯延长时间(T_0),最长绿灯时间(T_{max})。

(1) 最短绿灯时间(T_{min})

最短绿灯时间是绿灯相位的第一部分,与红灯相位时在停车线与检测器之间排队等候的车辆有关。最短绿灯时间由等候车辆数量、平均车头时距和启动损失时间决定。

初始绿灯时间还应该大于行人过街所需时间,以保证行人能够安全通过交叉口。

(2) 最长绿灯时间(T_{max})

最长绿灯时间是为了保持最佳绿信比对各相位规定的绿灯时间的延长限度 L,根据交通流量的不同,通常可以选取 30~60 s。一般可由固定配时的绿信比来计算最长绿灯时间,固定配时的绿信比乘以 1.25~1.50 的系数即可得到最长绿灯时间。

(3) 单位绿灯延长时间(T_0)

单位绿灯延长时间是初始绿灯时间结束后,由检测器感应后继车辆到达所延长的绿灯时间。其取决于进入交叉口车辆的平均速度和停车线与检测器之间的距离。

2.9.4 案例介绍

目前城市副中心 155 km^2 内信号灯升级改造的路口,依据路口相交道路等级、流量变化规律、控制方式等条件，将区域内的路口分成三种不同等级的感应控制策略。

第一种是全天执行自适应控制，主要是针对全天流量较少、流量变化幅度较小的路口，例如京榆旧线焦刘路口等 51 个路口全天实行自适应控制。

第二种是在白日平峰及夜间流量较低时执行自适应控制，主要是针对通勤线路的路口，一般这些路口早晚高峰与平峰时期相比车流量变化较大。例如京榆旧线与潞邑西路交叉口等 44 个路口，在白日平峰及夜间时期开启自适应控制。

第三种是只在夜间执行自适应控制。主要是针对城市主、次干道未做干线协调的路口，但白天交通流量加大且流量变化较小的路口，例如云景东路与云景南大街交叉口等 85 个路口，只在夜间开启自适应控制。

2.10 小结

本章介绍了路口交通信号的控制方式：单点信号控制、协调联动信号控制以及其他几种特殊控制方式。每种控制方式都有限定条件，各个路口需要根据现场情况选择合适的控制方式，本章通过北京城市副中心信号控制实际应用案例对每种控制方式及其应用效果进行了详细介绍。希望能够对城市道路交叉信号控制优化管理工作提供一定的借鉴。

3 行人过街信号控制

行人过街安全问题是城市道路交通管理者关注的重要问题,对城市道路中行人过街进行信号控制,是为了保证行人和车辆在交汇处都可以顺畅安全通行。为保障行人在通过交叉口或路段行人过街路口时获得合理的通行时间,降低其与机动车冲突的危险,保障行人过街安全,减少交叉口延误,本章基于通州区信号控制实战,介绍了行人过街自适应控制系统的应用、行人二次过街及行人专用相位的设计实例,可为城市道路行人过街信号控制提供参考。

3.1 行人过街自适应控制系统

3.1.1 现状概述

过街行人与机动车相互干扰是交通控制与管理的普遍性难题。目前行人过街信号控制主要有定周期控制和行人按钮请求式控制。固定周期控制更多地考虑机动车的通行权,容易造成绿灯时间大量损失,降低通行效率。同时,往往容易造成行人因过街等待时间长,违章过街形成交通事故。对于行人按钮请求式控制而言,行人请求按钮易损坏,维护成本高,且存在公共卫生隐患。智能、合理、动态分配行人与机动车的通行权,兼顾安全与效率,成为行人过街信号控制的发展趋势。

本章将以提高行人过街信号配时的合理性为目标,提出行人过街自适应控制系统。该系统需要及时响应行人的过街需求,保证行人的通行安全;与此同时,为了实现系统效益最大化,还要同步考虑机动车的通行权,尽可能减少行人过街对机动车的干扰。

3.1.2 系统内容

1) 实现思路

行人过街自适应控制系统利用视频识别技术实时智能感知等待区的行人数

量和行人等待时间,并实时传输数据到交通信号控制机,交通信号控制机内置算法在同时考虑机动车的必要通行时间和行人的心理忍受能力的基础上,寻求机动车和行人双方最大效益,形成了一套适合人车交通特性的路段行人过街自适应控制系统。系统通过自动采集、分析行人过街需求实现行人过街信号智能控制。

(1) 智能感知

利用人工智能技术,融合 AI 芯片和视频目标检测跟踪算法,对等待区行人过街需求进行实时精准感知。

(2) 动态响应

无行人过街需求时,保持主路绿灯;有行人过街需求时,系统自动切换行人相位。

(3) 均衡控制

利用机动车通行效率和行人过街安全优化模型,智能合理分配机动车和行人的通行权,实现均衡控制。

2) 系统结构

(1) 总体架构

行人过街自适应信号控制系统由前端子系统、网络传输子系统以及后端管理子系统三部分组成,如图 3-1 所示。根据行人过街信号控制方式(定时/感应)、行人过街横道形式(一次过街/二次过街)、过街横道与上下游路口距离等因素,确定前端子系统的设备类型、数量及布设方式与点位。通过前端子系统、网络传输子系统及后端管理子系统的配合,实现对路段行人过街的信号控制与运行状态监控,在确保行人过街安全的前提下,最大程度地提升主路机动车通行效率。

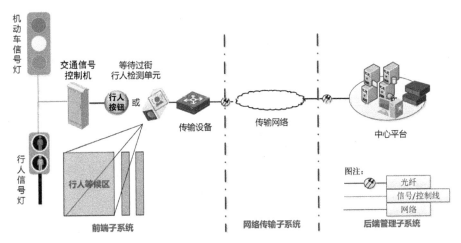

图 3-1 行人过街自适应系统拓扑图

(2) 系统组成

a. 前端子系统

前端子系统核心部件由交通信号控制机、信号灯组、等待过街行人检测单元组成。等待过街行人检测单元负责采集行人过街需求，自主判断行人等待时间和等待过街人数是否达到预设阈值，以此判断是否存在行人过街需求，并通过网络将数据传输至交通信号控制机器，由交通信号控制机综合研判是否调整当前灯态。

b. 网络传输子系统

网络传输子系统负责数据的传输与交换。若前端采用相机，则交通信号控制机利用网络接口接收相机每隔一定时间发送的"设备 ID、等待行人数量"等数据；若前端采用行人按钮，则交通信号控制机判断接收按钮传输的是否有行人请求的 IO 信号。后端信号控制联网平台或配置工具需要配置信号控制参数、实时获取交通信号控制机方案参数以便管控路段过街状态，相关数据需要通过光纤传输。

c. 后端管理子系统

后端管理子系统由计算机和信号控制联网平台组成。信号控制联网平台主要承担三个功能：一是配置路段行人过街信号控制相关参数下发至交通信号控制机，包括相位方案、绿信比、检测器参数等，相关参数也可由交通信号控制机配置客户端完成并上载。二是实时监控路段运行状态，实时显示路段行人相位及机动车相位执行状态。三是数据统计分析，平台可以对该路段行人过街请求响应次数等数据进行统计，分析不同时段行人到达时间分布特性，为其他相关研究提供数据支持。信号控制联网平台界面如图 3-2 所示。

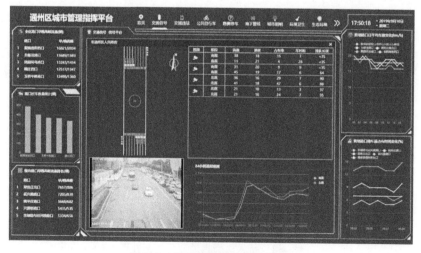

图 3-2　信号控制联网平台界面

3) 系统功能

系统通过主动采集行人过街需求实现行人过街信号灯的自适应控制,主要有以下六点功能:

(1) 等待过街行人主动检测

如果采用行人检测相机方案,在相机中配置好检测区域、交通信号控制机 IP、端口后,相机可以每隔一定时间(可设置)通过网络将"设备 ID、等待行人数量"等交通数据传输到交通信号控制机,实现对过街行人人数的主动精准检测,为智能化的信号配时提供数据基础;如果采用传统的行人请求按钮方案,按钮在接收到行人请求后可以将信号通过 IO 口传输到交通信号控制机,实现对行人过街请求的监听,如图 3-3 所示。

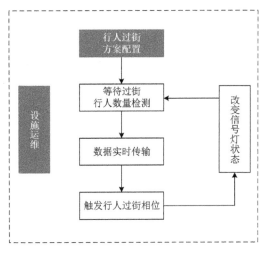

图 3-3 功能架构

(2) 行人过街感应信号控制

在路段行人过街需求较小或波动较大的时段或场景下,为了避免出现定周期中绿灯空放的现象,减少频繁切换行人相位对路段机动车流的干扰,可以采用路段行人过街感应控制功能,感应控制逻辑如图 3-4 所示。

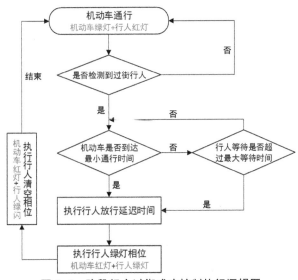

图 3-4 路段行人过街感应控制执行逻辑图

a. 未检测到行人过街需求时,机动车灯绿灯,行人过街红灯。

b. 当检测到行人过街需求后,若机动车绿灯刚刚放行不久,为了保证机动车的必要通行时间,需要判断机动车是否到达最短绿灯时间。同时,如果机动车最短绿灯时间设置过长,可能导致行人的等待时间过长,研究表明当行人等待时间超过最长等待时间后,行人闯红灯的概率会大幅增加,因此系统还需要判断行人的等待时间是否到达最长等待时间。综合考虑机动车通行效率和行人过街安全两个因素,实现系统效益最大化。

c. 执行"行人放行延迟时间",目的在于为机动车相位由绿变红提供安全间隔时间,机动车信号灯会按照绿灯→绿闪→黄灯的顺序改变状态,行人信号灯保持红灯状态。

d. 执行完行人放行延迟时间后,交通信号控制机执行行人绿灯相位,此时机动车信号灯按照黄灯→红灯的顺序改变状态,行人信号灯按照红灯→绿灯改变状态。

e. 当执行完行人绿灯时间后,行人绿灯切换为行人绿闪,目的是保证已经进入人行横道的行人安全到达另一侧道路。绿闪时间根据行人过街速度、距离等参数计算后在配置客户端设定。

f. 行人过街绿闪相位放行结束后,即恢复主路通行,机动车信号灯由红灯→绿灯,行人信号灯由绿闪→红灯,行人过街信号周期结束。如此循环往复,不断检测行人过街需求,满足行人过街需求。

(3) 行人过街协调信号控制

在路段行人过街需求和机动车流量都较大且稳定的时段或场景下,行人过街信号控制需要考虑与上下游交叉口信号灯进行协调控制。行人过街交通信号控制机通过 GPS 校时实现与上下游交叉口交通信号控制机的时钟同步,并根据前期调研确定行人绿灯时长和清空时长,同时根据上下游交叉口信号配时方案得到路段信号控制周期及机动车绿灯时长,结合该路段的行驶车速计算相位差,实现路段行人过街信号灯与上下游交叉口的干线绿波、干线红波等协调控制,在优先保证交通不拥堵的前提下满足行人的过街需求。

(4) 行人过街定周期控制

系统具备基础的行人过街定周期控制功能。一方面,当路段行人过街需求较大且稳定时,行人过街可设置为定周期控制方案;另一方面,当前端行人检测设备出现故障时,系统可自动降级到定周期控制,以保证系统的稳定可靠运行。

(5) 视频监控及录像功能

行人检测相机能够提供 1 路高清视频流,在不影响识别的前提下,对道路通行状况进行实时视频监测和录像。700万像素高清摄像机帧率可达到25帧/s。

（6）远程配置及维护功能

首先，系统支持在前端通过人机交互界面进行现场配置和在中心进行远程配置，能够配置路段行人过街信号控制相关参数，包括相位方案、绿信比、检测器参数等。然后，系统支持远程监控路段运行状态和数据统计分析，实时显示路段行人相位及机动车相位执行状态。最后，系统可实现远程重启、复位、升级等远程维护操作。系统易用性和可维护性均较高。

3.1.3 设置条件

设置条件包括：

a. 交叉口具备行人过街路口的特点，行人相位所占比重较大。

b. 交叉口采用定周期控制，同时行人过街需求呈现不规律性特点。

c. 路口存在较严重的信号时间浪费，成为机动车路段通行断点。

d. 路口过街行人由于等待时间过长等原因，导致闯红灯现象较为严重，行人秩序混乱。

3.1.4 应用案例

2019年7月，行人过街自适应控制系统在玉带河大街北小园人行路口首次进行试点，取得良好效果，如图3-5所示。并以"需求导向，效果优先"为原则，对行人过街自适应控制系统进行推广，截至目前，通州区已在主城区21个重点行人过街路口建设完成行人过街自适应控制系统。系统建设实施后，有效减少了行人过街等待时间，减少了机动车及行人绿灯空放现象，改善了路口交通秩序，提升了道路通行效率。

图3-5 北小园人行路口实地画面

3.2 行人二次过街

3.2.1 概述

行人二次过街是以提高安全性、便利性、行人过街效率和交叉口时间利用率为目的的行人过街方式。随着城市交通需求发展,新建城市道路交叉口规模越来越大。在规模较大路口或有较宽两侧辅路的高架桥下路口,行人过街斑马线距离较长,对于老弱者来说很难一次性通过人行横道,所以在较宽的道路上将同方向的斑马线切分成两部分进行放行,这种二次过街的方式会给交通弱者带来很大的方便,可以起到保障行人安全的作用。

3.2.2 设置标准

1)交通组织

根据行人在安全岛上的行走路线,行人流线的交通组织方式可以分为三种:直通式二次过街、错位式二次过街和环岛式二次过街。

(1)直通式二次过街

直通式二次过街,即行人行走路线为直线,不在安全岛上迂回行走,如图3-6所示。设置直通式二次过街的一种情况是,过街行人交通量较小,所需安全岛面积较小;另一种情况是,道路几何条件良好,能够提供大面积的安全岛,例如中央隔离带或绿化带较宽,一般立交桥下交叉口的空间较大,适合设置直通式二次过街交通方式。

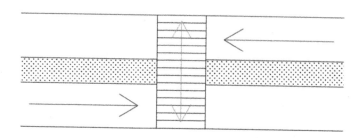

图3-6 直通式二次过街示意图

(2)错位式二次过街

错位式二次过街又可以称为"Z"型二次过街,行人在安全岛上需要绕行一段距离,行走路线呈"Z"型,如图3-7所示。设置错位式二次过街的情况是,道路中央的几何条件不理想,对安全岛的宽度有限制,当行人交通量较大时,为了保证安全岛的面积,需要增大安全岛的长度,造成行人在安全岛上横向位移。

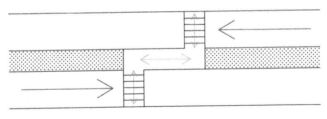

图 3-7　错位式二次过街

(3) 环岛式二次过街

环岛式二次过街设置条件比较特殊,一般在 T 型交叉口或 Y 型交叉口设置,行人过街时先走到交叉口中心的环岛上,判断机动车可穿越间隙后过街,这种二次过街方式适用范围较小,如图 3-8 所示。

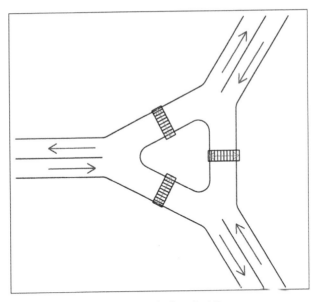

图 3-8　环岛式二次过街

2) 信号配时

针对不同的信号相位及配时,行人二次过街信号的设置不同。以典型四相位交叉口为例,对行人二次过街信号相位设置进行说明。行人二次过街交叉口渠化示意如图 3-9 所示,行人过街信号运行方式为利用左转相位组织二次过街。典型四相位交叉口行人二次过街信号配时方案如图 3-10 所示,在运行南北左转相位和东西左转相位时行人可以进入安全岛等待,待下个相位完成过街,大大提高了行人过街通行时间。

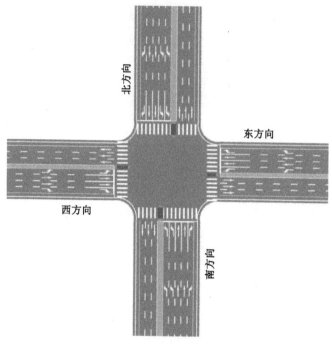

图 3-9　行人二次过街交叉口渠化示意图

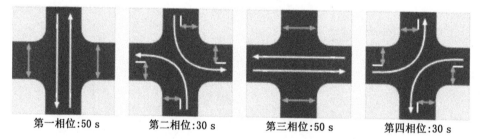

图 3-10　典型四相位交叉口行人二次过街信号配时方案

3.2.3　应用案例

1) 现状分析

通州区北关路口位于新华北路与京榆旧线交叉口,如图 3-11 所示,两条相交道路均为通州区主干道,再加上东向是通燕高速出入口,使得该路口全天各时段车流量均排在全区前列。

图 3-11 通州区北关路口示意图

通州区北关路口临近通州新城和地铁六号线通州北关站,早晚高峰来往行人密集,行人过街需求量大,但是由于两条相交道路车道数较多,导致人行过街斑马线过长,东侧更是达到了 81 m 之长,在正常的机动车放行时间内过街行人无法一次性通过路口,迫使行人常常走到一半就切换了灯态,增加了行人闯红灯的违法行为,也威胁到了过街行人的安全,如图 3-12 所示。

图 3-12 改造前行人闯红灯现象严重

2）解决方案

通过对现场环境和道路渠化的详细考察,确认该路口需要行人二次过街设施,同时也能够实现行人二次过街的良好效果,于是制定了符合现场环境特殊性的行人二次过街方案并进行了应用。

下面详细介绍对该路口实行行人二次过街的放行方式：

首先对东西两侧原有的人行过街(即斑马线)进行划分,如图 3-13 所示。

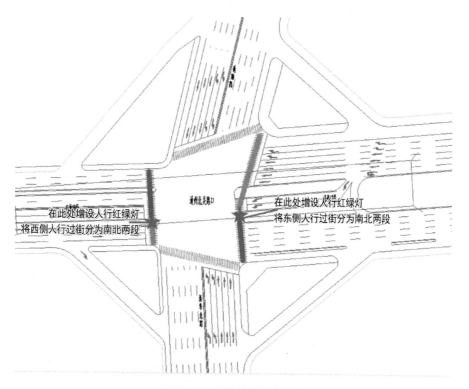

图 3-13　划分原有行人过街

通过在东西两侧的隔离带增设人行过街红绿灯,将东西两侧的人行过街切分为两段,并分别进行控制。

下面用图片来说明路口的放行顺序：

第一相位：南北双向的直行车辆同时放行,这时在人车不冲突的情况下,东西两侧的人行灯都是绿灯,行人具有通行权,如图 3-14 所示。

第二相位：南北双向的左转车辆同时放行,此时东西两侧的部分路段是允许行人通行的,分别为东侧人行横道的北半段和西侧人行横道的南半段,如图 3-15 所示。

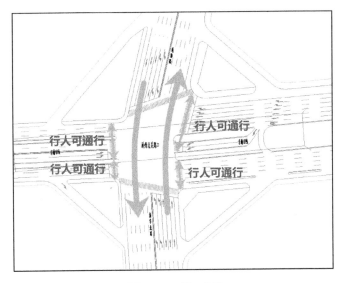

图 3-14 第一相位

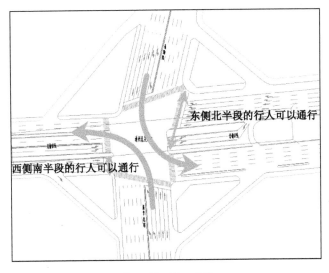

图 3-15 第二相位

第三相位：东向直行和左转的机动车同时放行，此时除了北侧的行人可以通行，东侧南半段的行人和西侧南半段的行人和机动车流也没有冲突，可以通行，如图 3-16 所示。

第四相位：西向的直行和左转车同时放行，此时除了南侧的行人可以通行，东侧北半段行人和机动车流也没有冲突，同样可以通行，如图 3-17 所示。

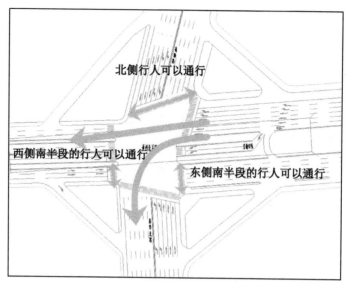

图 3-16　第三相位

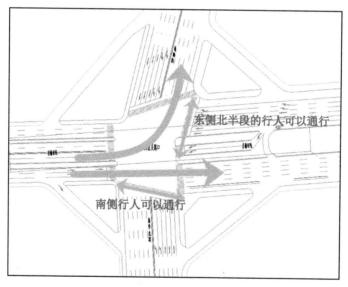

图 3-17　第四相位

通过这样的放行方式能够充分利用周期内各个相位中行人的可通行时间,提升行人的通行效率,确保各个方向行人在一个周期内能够安全地通过路口。

3) 现场效果

现场效果如图 3-18 所示。

图 3-18 现场效果图

通过表 3-1 对比可以发现,在保持周期不变的情况下,通过在东西两侧设置行人二次过街可以显著地增加行人的通行时间,提高行人过街时间绿信比,从而确保过街行人的安全通行,减少行人闯红灯情况的发生。

表 3-1 优化前后行人过街时间对比表

一个周期内高峰时段行人过街时间对比			
路段	优化前/s	优化后/s	优化比率/%
东侧	35	150	429
西侧	35	110	314

3.3 行人专用相位

3.3.1 概述

行人专用相位是指交叉口各进口的行人在一个独立的相位时间里同时通行,该时段内机动车全部禁行;反之,机动车通行时,所有方向的行人禁止通行。简单来说,就是让行人和机动车在各自独立的时间段内通行,从空间上和时间上分隔行人与车流,避免人流和机动车流的交织。

3.3.2 设置条件

设置条件包括：

a. 行人流量较大且通行持续时间较长的路口,可考虑采用行人专用相位控制。

b. 设置行人专用相位,需保障交叉口总通行能力有所提高,同时行人延误时间也有所减少。

c. 需在保障行人过街安全的前提下设置行人专用相位。

3.3.3 应用案例

1) 现状概况

玉带河西街与北苑南路交叉口是一个路口,地处商业区,连接通州区万达广场、华联购物中心、通州北苑地铁站等行人吸引点,该路口白天行人流量较大,机动车与行人冲突点较多,为保障行人的路权及安全,在此路口设置行人专用相位。玉带河西街与北苑南路路口现状渠化示意如图3-19所示。

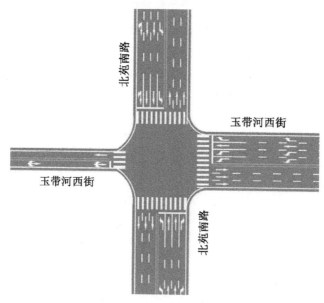

图3-19 玉带河西街与北苑南路路口现状渠化示意图

2) 相位设置

a. 根据行人流量、车流量的变化特点,设置精细化的时段方案,提高路口通行效率。

b. 增加白天高峰及平峰行人过街专用相位。行人专用相位设置如图 3-20 所示。

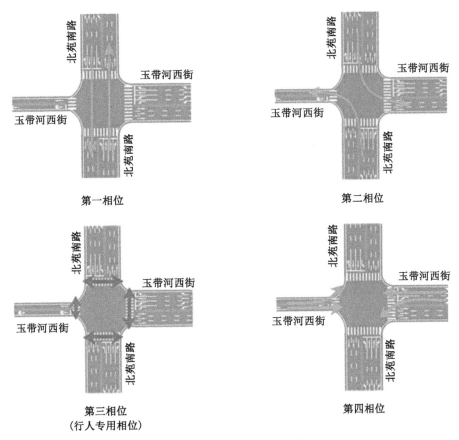

图 3-20　行人专用相位设置

3.4　小结

本章基于通州区信号控制案例,介绍了行人过街自适应控制系统、行人二次过街及行人专用相位的实施方法及案例。案例表明,针对交叉口特定的场景合理地采用不同的行人过街信号控制策略,可有效保障行人过街安全,提升交叉口通行效率。

4 路段交通信号控制

路段交通信号控制是指交通干线上若干连续交叉口的交通信号的协调控制。单交叉口信号控制在城市交通信号控制中发挥着重要的作用,但是城市中有些交叉口之间距离较近,交通流运行有一定的相关性,不同交叉口信号之间的有效协调控制着路网中交通流的连续性。因此,路段交通信号控制对路网交通压力的缓解和分配具有重要作用。

4.1 路段交通信号控制基础

4.1.1 基本参数

1)共同周期长

在路段交通信号控制中,为了便于实现干线交叉口信号的协调控制,要求周期保持恒定。周期需保持恒定是进行信号协调控制的必要条件。因此,对于干线上需要协调控制的交叉口所要求采用的共同周期长度,称为共同周期长。少数交叉口也可采用双周期,即信号周期取共同周期的一半。

2)绿信比

在信号控制系统中,各个交叉口信号的绿信比是根据各个交叉口各向交通量的流量比确定的。因此,控制系统中各个交叉口信号灯的绿信比不一定相同。

3)相位差

相位差是相邻交叉口建立协调关系的关键参数,相位差设置的好坏直接决定干线协调控制系统运行的有效性。相位差分为相对相位差和绝对相位差。相对相位差是指相邻交叉口对应相位绿灯启亮时间差;绝对相位差是指以某个交叉口为基准,其他各交叉口对应相位绿灯启亮时间差。

4)统一时钟

统一时钟,即所有交叉口都按照一个时间基准运行各自的相位配时方案,以保证交叉口之间协调信号相位差的准确性,从而确保不会发生时间漂移、方案错位现象。干线协调的几个交叉口信号控制机应采取统一时钟校时方式。

4.1.2 子区划分

在进行干线协调控制时,提前判断哪些交叉口可以进行协调控制即控制子区划分。由于一天之内的交通流状况不断变化,在一天之内的不同时段,将会形成不同的协调控制子区的划分方案。

4.1.3 协调条件

1)控制距离

交叉口间距是影响协调控制的原因之一。由于过长距离的协调控制会导致车队更加离散、交通效益下降,其交通流的连续通行也不再有意义,因此,实施干线控制的交叉口距离最大不宜超过 750 m,在特殊情况下也不应该超过 1 000 m。

2)交通流量

交叉口间的协调控制与否与主要干道的绝对交通量(尤其是连续通过两交叉口协调相位的交通量)有很大关系,如果主要干道交通流量较小,则意味着从协调控制中获益的车流量较少,结果将是协调控制无法带来明显的效益,因为实现主要干道的协调控制在一定程度上对相交道路会有一定的延误。沿协调控制路线的各交叉口处可能会有部分车辆转弯而离开协调方向的主路。同样,沿途也可能有若干车流从相交道路转弯汇入主路车流中。应综合考虑每天各个时间段内的车流到达的特性以及交通流量的大小变化的特性,在容易形成车流的时间段优先使用干线协调控制。

3)道路条件

为了发挥干线协调控制的作用,在绿波控制的路段上,每个协调方向的连续车道应不少于两条。这样,才能确保正常行驶的车辆在绿波通行过程中超越慢行车辆,提高协调控制的效果。临时停车或路边停车,以及非港湾式公交车停车站也会影响交通流的连续通行质量。相邻交叉口间的干扰因素应尽量减少,如设置不间断的绿化带、隔离栏等,这样能保证车辆在行驶过程中不会因为行人横穿马路等因素而调整行驶速度造成相邻交叉口间的行程时间不确定。

通州区信号灯在升级改造之前,均为单点信号控制,信号机未联网且路口信号无协调控制,路段中交叉口较多时,停车次数较多、停车延误较大、路段通行效率较低。通过信号灯升级改造,对通州区符合干线协调要求的路段进行协调控制,提升了整体道路通行效率。实际应用中主要有如下五种情况:绿波控制、红波控制、潮汐控制、均衡控制和预案特勤控制。

4.2 绿波控制

绿波控制是交通控制中"信号灯多点控制技术"的一种形象化说法,即在一个交通区域或一条交通干线上实行统一的信号灯控制,将纳入控制范围的信号灯全部归入计算机控制系统,并使用先进的计算方法,根据车流量来科学合理地指挥交通。从被控制的主干线各交叉口的灯色来看,绿灯就像波浪一样滚滚向前,故被形象地称为"绿波带"。

绿波协调控制是为了减少车辆在连续通过交叉口时等待红灯产生的延误时间,若道路处于过饱和交通流状态,很容易发生交叉口二次停车或道路停滞性拥堵的情况,这时干线协调控制无法发挥作用,也就失去了对该路段采用协调控制的意义。因此,道路在非饱和交通流状态下才可以考虑采用绿波协调控制。

实际应用中,绿波控制策略主要有以下四种情况:单向绿波控制、双向绿波控制、分段绿波控制和分时绿波控制。

4.2.1 单向绿波控制

单向绿波控制是指一条交通干线上的双向交通中,仅单一方向的绿灯按行驶方向依次亮起。

(1) 适用条件

a. 当双向交通量相差悬殊,且交通量较小方向的流量未达到饱和。

b. 执行警卫、消防、救护、抢险等任务时,实行指定路线的单向绿波带控制。

(2) 问题分析

以通州区东六环西侧路为例,东六环西侧路路段为双向 4 车道,设有中央隔离护栏、机非隔离绿化带,路段全长 7.8 km,共计 11 个交叉口,道路条件良好,如图 4-1 所示。在早晚高峰时期,南北流量相差较大,对干线交通较少的一方向实行单向绿波控制。其中,东六环西侧路早高峰(7:00—9:00)主体交通流是自南向北,南向北的交通压力明显高于北向南,实行自北向南的单向绿波协调策略,加快车流疏散。晚高峰(17:00—19:00)交通流特征与早高峰相反,故实行自南向北的单向绿波,确保绿波方向减少车辆停等次数,提高通行效率。

图 4-1　东六环西侧路位置示意图

（3）解决方案

通过前期对路口流量调研和路口车流量分析,将东六环西侧路全线划分为统一子区。东六环西侧路子区划分及路口信息,如表 4-1 所示。

表 4-1　东六环西侧路子区划分及路口信息表

序号	路口名称	路口相对距离/m	设计速度/(km/h)
1	东六环西侧路-潞苑北大街	0	60
2	东六环西侧路-疃里大街	520	60
3	东六环西侧路-红山溪谷小区	445	60
4	东六环西侧路-京榆旧线	894	60
5	东六环西侧路-孙各庄	1 100	60
6	东六环西侧路-通胡大街	920	60
7	东六环西侧路-玉带河东街桥下	970	60
8	东六环西侧路-杨坨五街	300	60
9	东六环西侧路-芙蓉路	983	60
10	东六环西侧路-滨河中路	1 200	60
11	东六环西侧路-新通惠捷出租公司	300	60

根据子区的主要路口车流量数据分析得出周期为 150 s。东六环西侧路子区早高峰绿波时距图如图 4-2 所示。

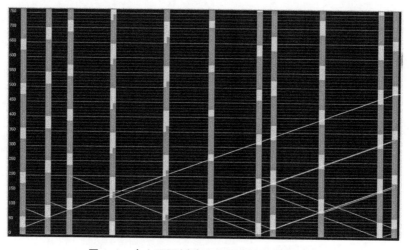

图 4-2　东六环西侧路子区早高峰绿波时距图

（4）优化效果

根据现场交通状况,潞苑北大街与东六环西侧路交叉口至新通惠捷出租公司路口北向南单向绿波协调,经过工程师现场监测,优化后北向南停车次数控制在1～2次,旅行时间由18分20秒缩短至13分46秒。东六环西侧路干线协调控制优化指标对比如表4-2所示。

表4-2　东六环西侧路干线协调控制优化指标对比表

方向	优化指标	优化前	优化后	优化对比
潞苑北大街与东六环西侧路交叉口→新通惠捷出租公司路口(北向南)	旅行时间	18分20秒	13分46秒	缩减24.9%
	平均车速	26 km/h	34 km/h	提升30.8%
	停车次数	5次	1～2次	减少3～4次

4.2.2　双向绿波控制

双向绿波控制是指在干线协调控制路段两端相向而行的交通流行驶方向的绿灯均是依次亮起。

(1) 适用条件

a. 相邻交叉口距离相近,一般不超过800 m。

b. 单向机动车道数不少于2条。

c. 路段流量尚未达到饱和,双向流量相当。

d. 信号机具备联网条件,或时钟同步。

e. 路口之间的车辆行驶时间正好是公用周期长一半的整数倍时,可获得理想的效果。

(2) 现状概述

以新华西街为例,新华西街位于通州区西北部,为通州区中心东西方向主干道,全长3.6 km,共10个交叉口。新华大街主路路段为双向6车道,设有中央隔离护栏、机非隔离绿化带,交叉口间距较近,道路两侧商业区、办公楼等分布密集,交通流量大。新华西街位置如图4-3所示,路口基本信息如表4-3所示。

图4-3　新华西街位置示意图

表 4-3　新华西街路口基本信息表

序号	路口名称	路口相对距离(m)	设计速度(km/h)
1	新华西街-北苑路	0	50
2	新华西街-西关二巷	210	50
3	新华西街-通惠南路	420	50
4	新华西街-新华南路	1 700	50
5	新华西街-车站路	391	50
6	新华西街-中仓路	243	50
7	新华西街-北大街	331	50
8	新华西街-北锻家属院	381	50
9	新华西街-故城东路	253	50
10	新华西街-滨河中路	225	50

(3) 解决方案

通过前期对路口流量调研和路口车流量分析,道路平峰及低峰时段车流量相对适中且双向流量较为均衡。为减少车辆停车延误,将新华西街全线划分为统一子区,实行东西双向绿波,提升道路整体通行效率。新华西街绿波设计速度为 50 km/h,以新华西街与新华南路交叉口为关键交叉口,对新华西街全线 10 个路口进行协调控制。

在低峰时段设计双向绿波控制。根据新华西街子区的主要路口车流量数据分析得出低峰周期为 130 s。低峰绿波设计方案及时距图如图 4-4 所示。

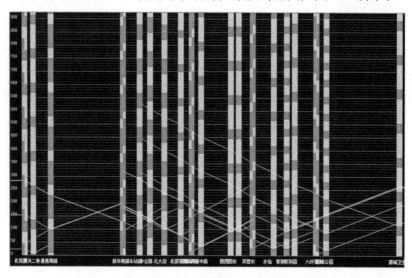

图 4-4　新华西街子区时距图(130 s 绿波方案)低峰

(4) 优化效果

根据现场交通状况,优化后北苑路至滨河中路西向东方向,平均停车2次(通惠南路交叉口、故城东路交叉口),平均行程时间为7分30秒,旅行时间缩减38.2%;滨河中路至北苑路东向西方向,平均停车2次(故城东路交叉口、通惠南路交叉口),平均行程时间为7分20秒,旅行时间缩减45.7%。新华西街干线协调控制优化指标对比如表4-4所示。

表4-4 新华西街干线协调控制优化指标对比表

方向	优化指标	优化前	优化后	优化对比
北苑路→滨河中路 (西向东)	旅行时间	12分08秒	7分30秒	缩减38.2%
	平均车速	21.8 km/h	31.8 km/h	45.9%
	停车次数	7次	2次	减少5次
滨河中路→北苑路 (东向西)	旅行时间	13分30秒	7分20秒	45.7%
	平均车速	24.0 km/h	24.8 km/h	3.3%
	停车次数	7次	2次	减少5次

4.2.3 分段绿波控制

分段绿波控制,是指根据流量特征、交叉口间距等因素,将干线协调路段上的所有路口分为不同子区,每个子区实施单独的绿波控制策略,子区之间的绿波设计时速、绿波带宽度、周期时长互不相关。

1) 适用条件

a. 存在协调难度较大的情况:子区之间交通流量变动较大、子区间相邻的两个交叉口距离较大、交叉口相序难以协调等。

b. 子区内部之间交叉口距离近似、流量变化幅度较小。

2) 现状概述

以玉带河大街为例,玉带河大街是通州区东西走向的主干线之一,主路路段为双向4车道,设有中央隔离护栏、部分路段设有机非隔离带,路段全长5.4 km,共计17个交叉口,路段流量分布不均衡,如图4-5所示。根据各路口流量分布情况,可将玉带河大街分为不同子区,分段实行绿波控制。

3) 解决方案

通过前期对路口流量调研和路口车流量分析,玉带河平峰绿波方向设计为双向,并将玉带河大街划分为3个子区。玉带河大街子区划分及路口基本信息如表4-5所示。

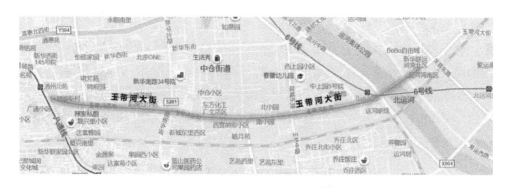

图 4-5 玉带河大街位置示意图

表 4-5 玉带河大街子区划分及路口基本信息表

序号	子区	路口名称	路口相对距离/m	设计速度/(km/h)
1	子区一	玉带河大街-北苑派出所	0	50
2		玉带河大街-通惠南路	229	50
3		玉带河大街-通州二中	270	50
4		玉带河大街-通州卫校	149	50
5		玉带河大街-玉带河大街党校	318	50
6	子区二	玉带河大街-新华南路	0	50
7		玉带河大街-潞河医院南口	298	50
8	子区三	玉带河大街-车站路	0	50
9		玉带河大街-南关公交站	310	50
10		玉带河大街-玉桥西路	216	50
11		玉带河大街-北小园人行过街	338	50
12		玉带河大街-故城东路	269	50
13		玉带河大街-西上园人行过街	375	50
14		玉带河大街-中上园人行过街	183	50
15		玉带河大街-赵登禹大街	284	50
16		玉带河大街-滨河中路	330	50
17		玉带河大街-运河湾人行过街	610	50

各子区绿波设计方案如下：

(1) 子区一时距图

玉带河大街(北苑派出所路口—玉带河大街党校路口)路段长度 1.3 km,根据现场交通状况设置双向协调绿波方案,设计时速为 50 km/h,双向停车次数控制在 0～1 次。如图 4-6 所示为玉带河大街子区一时距图。

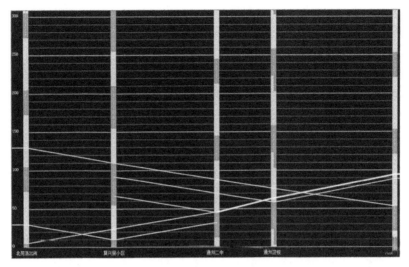

图 4-6　玉带河大街子区一时距图

(2) 子区二时距图

玉带河大街(新华南路路口—潞河医院南口)路段长度 431 m,根据现场交通状况设置双向协调绿波方案,设计时速为 50 km/h,双向停车次数控制在 0～1 次。其中潞河医院南口行人过街,为协调周期的一半,因此在非协调相阶下,东向西存在断点。如图 4-7 所示为玉带河大街子区二时距图。

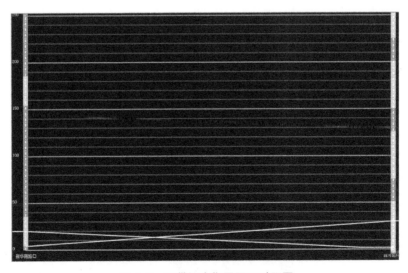

图 4-7　玉带河大街子区二时距图

(3) 子区三时距图

玉带河大街(车站路路口—运河湾人行过街路口)路段长度 4.1 km，根据现场交通状况设置双向协调绿波方案，设计时速为 50 km/h，双向停车次数控制在 0～1 次。如图 4-8 所示为玉带河大街子区三时距图。

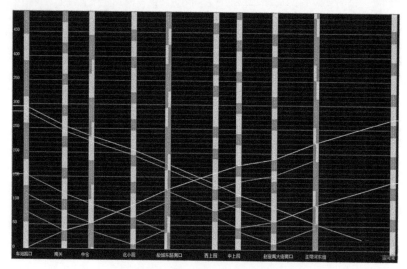

图 4-8　玉带河大街子区三时距图

4) 优化效果

根据工程师对优化效果进行监测调研可知，西向东方向(北苑派出所路口至运河湾人行过街路口)优化后平均停车次数由 8.5 次减少至 2 次，平均旅行时间为 9 分 04 秒，平均旅行时间缩减 31.3%；东向西方向(运河湾人行过街路口至北苑派出所路口)优化后平均停车次数由 9.5 次减少至 3.5 次，平均旅行时间为 9 分 22 秒，平均旅行时间缩减 33.3%。玉带河大街干线协调控制优化指标对比如表 4-6 所示。

表 4-6　玉带河大街干线协调控制优化指标对比表

方向	优化指标	优化前	优化后	优化对比
北苑派出所路口→运河湾人行过街路口(西向东)	平均旅行时间	13 分 12 秒	9 分 04 秒	缩减 31.3%
	平均车速	20.76 km/h	30.23 km/h	提升 45.6%
	平均停车次数	8.5 次	2 次	减少 6.5 次
运河湾人行过街路口→北苑派出所路口(东向西)	平均旅行时间	14 分 03 秒	9 分 22 秒	缩减 33.3%
	平均车速	19.51 km/h	29.26 km/h	提升 50%
	平均停车次数	9.5 次	3.5 次	减少 6 次

4.2.4 分时绿波控制

分时绿波控制是指对干线道路上进行协调控制的各主要路口,进行定时配时时段的检核与划分,包含日时排程及周时排程。子区的时段划分理论上可基于全日交通量的调查结果,以该时段内的流量变化值最小为原则,不同时段内,子区划分可不同。

1) 适用条件

需要进行协调控制的道路在不同时段流量差异较大,同一时段内流量变化较小。

2) 问题分析

以通州区通胡大街为例,通胡大街主路路段为双向6车道,设有中央隔离护栏、机非隔离绿化带,路段全长3.6 km,共计9个交叉口。全天流量变动较大,早晚高峰流量较多,平峰及低峰流量与高峰期差异较大。通胡大街位置如图4-9所示。通胡大街与芙蓉东路交叉口全天流量统计如图4-10所示。

图4-9 通胡大街位置示意图

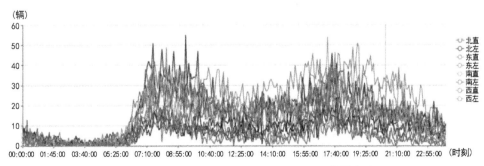

图4-10 关键交叉口全天流量统计图(通胡大街与芙蓉东路交叉口)

3) 解决方案

根据视频车辆检测器对路段全天车流量进行统计分析,通胡大街绿波设计速度为 50 km/h,此次根据路段交通流变化,将全天划分为 11 个时段,调用 5 套信号控制方案,以通胡大街—芙蓉东路为关键交叉口,将通胡大街一线 9 个路口全线划分为统一子区进行协调控制。通胡大街子区划分及路口基本信息如表 4-7 所示。

表 4-7　通胡大街子区划分及路口基本信息表

序号	路口名称	路口相对距离/m	设计速度/(km/h)
1	通胡大街-图书馆西人行过街	0	50
2	通胡大街-图书馆东人行过街	184	50
3	通胡大街-芙蓉东路	326	50
4	通胡大街-水仙路	492	50
5	通胡大街-紫荆路	302	50
6	通胡大街-紫荆园	185	50
7	通胡大街-东六环西侧路	199	50
8	通胡大街-潞城公园	233	50
9	通胡大街-通州区政府	1 700	50

根据通胡大街子区的主要路口车流量数据分析得出时段和周期划分如表 4-8 所示。

表 4-8　通胡大街子区一时段划分表

子区一			
时段	周期/s	时段	周期/s
23:30—06:00	100	13:30—16:50	140
06:00—06:30	130	16:50—17:20	150
06:30—07:10	150	17:20—19:10	170
07:10—09:10	170	19:10—22:00	140
09:10—11:45	140	22:00—23:30	130
11:45—13:30	130	—	

以低峰(130 s)及平峰(140 s)绿波方案设计为例,通胡大街时距图如图 4-11、图 4-12 所示。

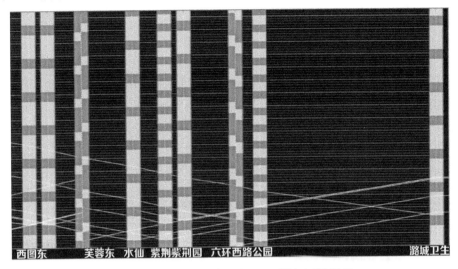

图 4-11 通胡大街时距图(130 s 绿波方案)低峰

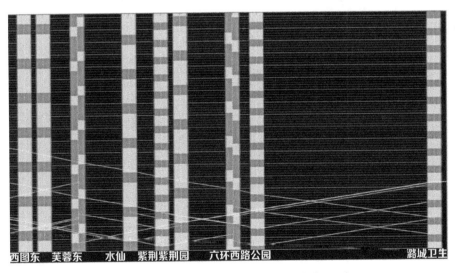

图 4-12 通胡大街时距图(140 s 绿波方案)平峰

4) 优化效果

通过工程师对现场进行监测调研,通胡大街整体通行效率得到明显提升,优化效果显著。以低峰(130 s)及平峰(140 s)为例进行对比。

(1) 低峰(130 s 绿波方案)优化效果

西向东方向,图书馆西人行过街至通州区政府,平均停车1次(通胡大街—芙蓉东路),平均旅行时间为7分00秒,平均旅行时间缩减37.5%;东向西方向,通州区政府至图书馆西人行过街,平均停车1次(通胡大街—芙蓉东路),平均旅行时间为8分00秒,平均旅行时间缩减45.8%。

(2) 平峰(140 s 绿波方案)优化效果

西向东方向,图书馆西人行过街至通州区政府,平均停车1次(通胡大街—芙蓉东路),平均旅行时间为7分00秒,平均旅行时间缩减39.1%;东向西方向,通州区政府至图书馆西人行过街,平均停车1次(通胡大街—芙蓉东路),平均旅行时间为7分50秒,平均旅行时间缩减42.0%。

通胡大街干线协调控制优化指标对比如表4-9所示。

表4-9 通胡大街干线协调控制优化指标对比表

	方向	优化指标	优化前	优化后	优化对比
130 s(低峰)	图书馆西人行过街→通州区政府(西向东)	平均旅行时间	11分12秒	7分00秒	缩减37.5%
		平均车速	21.8 km/h	31.8 km/h	提高45.9%
		平均停车次数	6次	1次	减少5次
	通州区政府→图书馆西人行过街(东向西)	平均旅行时间	14分45秒	8分00秒	缩减45.8%
		平均车速	24.0 km/h	24.8 km/h	3.3%
		平均停车次数	6次	1次	减少5次
140 s(平峰)	图书馆西人行过街→通州区政府(西向东)	平均旅行时间	11分30秒	7分00秒	缩减39.1%
		平均车速	21.8 km/h	31.8 km/h	提高45.9%
		平均停车次数	5次	1次	减少4次
	通州区政府→图书馆西人行过街(东向西)	平均旅行时间	13分30秒	7分50秒	缩减42.0%
		平均车速	24.0 km/h	24.8 km/h	提高3.3%
		平均停车次数	5次	1次	减少4次

4.3 红波控制

红波控制的核心思想是截流,其基本思路是以瓶颈交叉口为终点,建立上游流向的信号红波带,使得上游到达的车辆在每个交叉口连续停车,增加上游车辆到达瓶颈交叉口的行程时间,从而有效地把大部分流向瓶颈交叉口的流量均分地截流在上游各个交叉口,以减轻瓶颈交叉口的交通压力。

过饱和状态下,干线车辆排队现象严重,道路空间资源紧张,必要时应对干线沿线交叉口进行红波控制,分散交通压力,控制堵点流量,避免交叉口卡死和拥堵扩散。

4.3.1 适用条件

红波控制设置条件包括：
- 主干路上的瓶颈交叉口交通流达到饱和状态。
- 车辆排队长度大于交叉口间距。

在设置红波控制条件时，还需要特别注意：

（1）策略实施的范围

与瓶颈交叉口关键方向相邻的交叉口直接划为红波控制交叉口，之后计算相邻交叉口的关联度，关联度大则将上游交叉口作为控制交叉口，否则结束控制交叉口的选取。一般情况下，控制交叉口的数量不大于5。

（2）启动时间的确定

为了排除交通流的随机性和不确定性，以及满足相位差调整实施要求，使用投票法确定红波带启动时机，即若5次中有4次瓶颈交叉口在达到饱和流量的同时排队长度超过路口间距，则对该交叉口上游关键路径上的交叉口启用红波带控制策略。

（3）交通信号控制方案

信号控制机控制交叉口时应保持一致的信号周期。沿车辆行驶方向任意相邻路口的协调相位起始时刻的最小时间差，称为相对相位差。根据路口间距和车速等条件，利用相邻交叉口的相对相位差来实现红波协调控制。

4.3.2 问题分析

本节以耿庄桥路口优化方案为例。

耿庄桥路口：位于通燕高速与芙蓉东路相交处，是连接中心城区与北京城市副中心的重要交通节点。早高峰期间由于交通压力过大，加上路口渠化设计和交通组织不尽合理，使得耿庄桥路口一直被称作通州区最堵路口。

潞苑东路李庄路口至耿庄桥路口（芙蓉东路与通燕高速路口），全程共计6处红绿灯。早晚高峰期间，车流量已经达到饱和状态，在耿庄桥路口4个方向均出现了排队较长的问题。针对这种情况，单独调整路口红绿灯配时，很难兼顾各个方向，于是可以通过红波控制的策略来疏导高峰期耿庄桥路口的交通。

4.3.3 解决方案

根据耿庄桥路段不同时段车流的情况，制定高峰、平峰多套协调控制方案。

早高峰期间路北段潞苑东路李庄路口至芙蓉东路龙旺庄小区路口5个路口实行红波控制,如图4-13所示,北向南行进车辆将会进入设计好的红波带,在每个途经路口都会停下等待红灯。

图4-13 芙蓉东路红波控制策略示意图

平峰期间:均衡南北双向绿波,取消红波截流方案。

4.3.4 优化效果

实施红波控制策略后,早高峰期间,耿庄桥北侧路段交通流受到红波影响,被牵制在耿庄桥上游路口,为耿庄桥路口分担了部分交通压力。耿庄桥路口的通行效率得到保障,平均排队长度缩短约55%,通行时间减少约50%,路段整体通行效率也随之提升。

4.4　潮汐控制

随着城市化进程的加快,机动车数量不断增加,城市交通开始凸显潮汐现象,早晨进城方向交通流量大,而晚上出城方向交通流量大。由于城市功能区集中,工作区和生活区分离,造成城市交通潮汐流拥挤现象愈加明显,其根本原因在于"车多路少"。

城市交通拥堵的潮汐现象主要是指在双向通车的城市道路中,一边车辆很多造成通行缓慢甚至堵塞,而另一边车辆很少,却占有相同的路面。潮汐控制就是根据道路在不同时段的潮汐规律,进行信号协调控制的控制方式。

4.4.1　适用条件

道路早晚高峰交通流具有明显的潮汐现象,相交支路车流量相对较小。

4.4.2　问题分析

以新华南路为例,如图 4-14、图 4-15 所示,根据 9 个路口早晚高峰期间不同交通流特性,实行潮汐控制。早高峰期间南向北方向(去往京通快速及顺义方向)车辆排队严重,晚高峰期间北向南方向车辆排队严重,经常造成上游路口溢出。

图 4-14　新华南路位置示意图

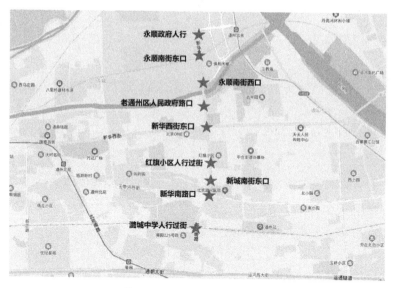

图 4-15 新华南路潮汐路段

4.4.3 解决方案

基于新华南路的潮汐交通流特性，采取潮汐控制的方式，早高峰保障南向北车辆，晚高峰保障北向南车辆，实现信号配时与交通流向相匹配。

3 个关键路口的信号控制方案如表 4-10、表 4-11、表 4-12 所示。

表 4-10 老通州区人民政府信号控制方案

配时方案	相阶 1			相阶 2			相阶 3			相阶 4			协调周期	相位差
	G	Y	R	G	Y	R	G	Y	R	G	Y	R		
	南北直			人行过街			—			—			C	S
6:00	60	4	2	30	0	2	—			—			98	0

备注：单位：s，人行灯跟随机动车相位；G：绿灯时间包含行闪及绿闪；Y：黄闪警示时间；R：全红清道时间

表 4-11 红旗小区人行过街信号控制方案

配时方案	相阶 1			相阶 2			相阶 3			相阶 4			协调周期	相位差
	G	Y	R	G	Y	R	G	Y	R	G	Y	R		
	南北直			人行过街			南北直			人行过街			C	S
6:00—6:30	37	3	0	25	3	0	33	3	0	23	3	0	130	103
6:30—7:10	45	3	0	25	3	0	43	3	0	25	3	0	150	8
7:10—9:10	55	3	0	25	3	0	53	3	0	25	3	0	170	3

续表

配时方案	相阶1			相阶2			相阶3			相阶4			协调周期	相位差
	G	Y	R	G	Y	R	G	Y	R	G	Y	R	C	S
	南北直			人行过街			南北直			人行过街				
9:10—10:10	42	3	0	25	3	0	36	3	0	25	3	0	140	94
10:10—11:45	44	3	0	25	3	0	34	3	0	25	3	0	140	148
11:45—13:30	37	3	0	25	3	0	33	3	0	23	3	0	130	99
13:30—16:50	44	3	0	25	3	0	34	3	0	25	3	0	140	148
16:50—17:20	49	3	0	25	3	0	39	3	0	25	3	0	150	90
17:20—19:10	59	3	0	25	3	0	—	—	—	—	—	—	90	40
19:10—22:00	45	3	0	25	3	0	35	3	0	23	3	0	140	152
22:00—23:00	37	3	0	25	3	0	33	3	0	23	3	0	130	103
23:00—6:00(次日)	69	3	0	25	3	0	—	—	—	—	—	—	100	130

备注:单位:s,人行灯跟随机动车相位;G:绿灯时间包含行闪及绿闪;Y:黄闪警示时间;R:全红清道时间

表 4-12 新城南街东口信号控制方案

配时方案	相阶1			相阶2			相阶3			相阶4			协调周期	相位差	控制方案
	G	Y	R	G	Y	R	G	Y	R	G	Y	R	C	S	
	南北直			东西直			南北直			东西直					
6:00—6:30	37	3	0	25	3	0	33	3	0	23	3	0	130	107	—
6:30—7:10	45	3	0	25	3	0	43	3	0	35	3	0	160	8	
7:10—9:10	55	3	0	25	3	0	53	3	0	25	3	0	170	8	1
9:10—10:00	42	3	0	25	3	0	36	3	0	25	3	0	140	7	
10:00—11:45	44	3	0	25	3	0	34	3	0	25	3	0	140	95	
11:45—13:30	38	3	0	25	3	0	30	3	0	25	3	0	130	110	
13:30—19:10	44	3	0	25	3	0	34	3	0	23	3	0	140	95	
19:10—22:00	45	3	0	25	3	0	35	3	0	23	3	0	140	82	
22:00—16:50	37	3	0	25	3	0	33	3	0	25	3	0	130	95	40
	南直			南北直			北直			东西直					
16:50—17:20	15	3	0	26	3	0	12	3	0	25	3	0	90	22	2
17:20—23:00	14	3	0	27	3	0	12	3	0	25	3	0	90	22	2
	南北直			东西直											
23:00—6:00(次日)	69	3	0	25	3	0	—	—	—	—	—	—	100	140	—

备注:单位:s,人行灯跟随机动车相位;G:绿灯时间包含行闪及绿闪;Y:黄闪警示时间;R:全红清道时间

4.4.4 优化效果

早晚高峰期间通过保障主要方向车流的放行,缩短了排队长度,有效地解决了由于潮汐现象带来的影响,消除了早晚高峰期间车流量大造成的反溢现象。

4.5 均衡控制

均衡交通流量是指合理组织交通流使之在道路网上均匀分布,避免局部路段、局部时段的交通拥挤和阻塞。

均衡控制是一种针对道路网交通拥堵的控制策略,以区域交通均衡分配条件下的均衡交通流量作为控制目标,通过寻求有利于促进区域交通流趋于均衡的最佳信号周期时长和相应的有效绿灯时间,以此来优化信号配时参数,调整交叉口的相序、相位及其时长,改变不同流向的车辆通过交叉口所需的时间,从而使交通流在道路网上的时间分布发生变化。采用信号控制手段,均衡区域流量,使得区域通行能力最大化。

实施均衡交通流量的常用措施还有:

(1) 从空间上均衡交通流量

即将交通拥挤的地区或道路上的交通流量向外围或其他道路疏解,如实行专用道、单向道、禁行线、禁行区域等。

(2) 从时间上均衡交通流量

即限制高峰时段的交通出行量,使其向高峰以外时段疏解,如实施上下班错时、货运机动车夜运、客运机动车分单双日行驶,以及某一时段的专用道、单向道等。

(3) 从交通方式的选择上均衡交通流量

即限制私人小汽车、摩托车、助动车、自行车交通,鼓励发展大容量公共交通等。

(4) 用技术或经济手段均衡交通流量

如发布动态交通信息进行诱导疏散,或实行拥挤收费以调控均衡交通分布等。

4.5.1 适用条件

均衡控制的适用条件包括:

a. 协调路段内的交叉口大小差异较大。

b. 交叉口交通压力分布差异较大。

4.5.2 问题分析

本节以京塘路优化方案为例。

京塘路全线长 17 km,共计 26 个路口,如图 4-16 所示。其中,九棵树西口、北杨洼路口、土桥路口等 3 个路口交通压力大,经常发生拥堵。而该线其他几个路口:如运河小学南门路口、梨园南街西口和怡瑞中二街路口交通需求小。

图 4-16 京塘路现状图

4.5.3 解决方案

采用均衡控制手段,调整绿信比,限制通畅路口交通流排放能力;保障拥堵路口下游排放效率。最终达到路段交通压力的均衡分布,使得路段整体通行效率和路段畅通性得到提升。京塘路 3 个路口信号配时方案表 4-13、表 4-14、表 4-15 所示。

表 4-13 翠屏西路北口路口信号控制方案

配时方案	相阶 1			相阶 2			相阶 3			相阶 4			相阶 5			协调周期	相位差
	G	Y	R	G	Y	R	G	Y	R	G	Y	R	G	Y	R	C	S
	东西直行			东西直行,西右转			东西左转,西右转			南直行,西右转			北直行,南行人				
6:00—7:00	5	0	0	30	3	0	16	3	0	35	3	0	28	3	4	130	0

续表

配时方案	相阶1			相阶2			相阶3			相阶4			相阶5			协调周期	相位差
	G	Y	R	G	Y	R	G	Y	R	G	Y	R	G	Y	R	C	S
	东西直行			东西直行，西右转			北直行，西右转			北直行，东西左转			南直行，西右转				
7:00—8:30	5	0	0	60	3	2	8	3	2	22	3	2	45	3	2	160	0
	东西直行			东西直行，西右转			东西左转，西右转			南直行，东西左转			北直行，南行人				
8:30—9:30	5	0	0	40	3	0	17	3	0	34	3	0	28	3	4	140	0
9:30—11:30	5	0	0	40	3	0	17	3	0	34	3	0	28	3	4	140	0
11:30—13:30	5	0	0	30	3	0	16	3	0	25	3	0	28	3	4	120	0
13:30—17:00	5	0	0	30	3	0	16	3	0	35	3	0	28	3	4	130	0
	东西直行			东西直行，西右转			北直行，东西左转			北直行，东西左转			南直行，西右转				
17:00—18:30	5	0	0	60	3	2	8	3	2	22	3	2	45	3	2	160	0
18:30—19:30	5	0	0	60	3	2	8	3	2	22	3	2	45	3	2	160	0
	东西直行			东西直行，西右转			东西左转，西右转			南直行，西右转			北直行，南行人				
19:30—23:00	5	0	0	30	3	0	16	3	0	35	3	0	28	3	4	130	0
23:00—6:00(次日)	5	0	0	30	3	0	16	3	0	25	3	0	28	3	4	120	0

备注：单位：s，人行灯跟随机动车相位；G：绿灯时间包含行闪及绿闪；Y：黄闪警示时间；R：全红清道时间

表4-14 北杨洼路口信号控制方案

配时方案	相阶1			相阶2			相阶3			相阶4			相阶5			协调周期	相位差
	G	Y	R	G	Y	R	G	Y	R	G	Y	R	G	Y	R	C	S
	东西直			东西左			南直左			南北直左			—				
6:00—7:00	40	3	2	20	3	2	10	0	0	45	3	2	—	—	—	130	0
	西直(东西左熄灭)			东西直(东西左熄灭)			南直左			南北直左			—				
7:00—9:00	12	3	2	63	3	2	12	3	2	53	3	2	—	—	—	160	0
	东西直			东西左			南直左			南北直左			—				
9:00—10:10	55	3	2	25	3	2	10	0	0	45	3	2	—	—	—	150	0
10:10—11:30	47	3	2	23	3	2	10	0	0	45	3	2	—	—	—	140	0
11:30—13:30	35	3	2	20	3	2	10	0	0	40	3	2	—	—	—	120	0
13:30—16:00	40	3	2	20	3	2	10	0	0	45	3	2	—	—	—	130	0
	西直(东西左熄灭)			东西直(东西左熄灭)			南直左			南北直左			—				
16:00—18:00	25	3	2	45	3	2	10	0	0	45	3	2	—	—	—	140	0
18:00—19:00	12	3	2	63	3	2	12	3	2	53	3	2	—	—	—	160	0

续表

配时方案	相阶1 G	相阶1 Y	相阶1 R	相阶2 G	相阶2 Y	相阶2 R	相阶3 G	相阶3 Y	相阶3 R	相阶4 G	相阶4 Y	相阶4 R	相阶5 G	相阶5 Y	相阶5 R	协调周期 C	相位差 S
	东西直			东西左			南直左			南北直左			—				
19:00—20:00	25	3	2	45	3	2	10	0	0	45	3	2	—	—	—	140	0
	东西直			东西左			南直左			南北直左			—				
20:00—23:00	40	3	2	20	3	2	10	0	0	45	3	2	—	—	—	130	0
23:00—6:00(次日)	35	3	0	20	3	0	5	0	0	31	3	0	—	—	—	100	0

备注：单位：s，人行灯跟随机动车相位；G：绿灯时间包含行闪及绿闪；Y：黄闪警示时间；R：全红清道时间

表 4-15 梨园南街西口信号控制方案

配时方案	相阶1 G	相阶1 Y	相阶1 R	相阶2 G	相阶2 Y	相阶2 R	相阶3 G	相阶3 Y	相阶3 R	相阶4 G	相阶4 Y	相阶4 R	协调周期 C	相位差 S
	东西直			东西左			南北直			南北左				
6:00—7:00	36	3	0	28	3	0	32	3	0	22	3	0	130	0
7:00—9:00	53	3	2	30	3	2	35	3	2	22	3	2	160	0
9:00—10:10	50	3	2	28	3	2	32	3	2	22	3	2	150	0
10:10—11:30	42	3	0	28	3	0	36	3	0	22	3	0	140	0
11:30—13:30	34	3	0	22	3	0	28	3	0	20	3	0	120	0
13:30—16:00	36	3	0	28	3	0	32	3	0	22	3	0	130	0
16:00—18:00	40	3	0	28	3	0	36	3	2	22	3	0	140	0
18:00—19:00	58	3	2	30	3	2	32	3	2	20	3	2	160	0
19:00—20:00	44	3	0	30	3	0	32	3	0	22	3	0	140	0
20:00—23:00	36	3	0	28	3	0	32	3	0	22	3	0	130	0
23:00—6:00(次日)	28	3	0	16	3	0	28	3	0	16	3	0	100	0

备注：单位：s，人行灯跟随机动车相位；G：绿灯时间包含行闪及绿闪；Y：黄闪警示时间；R：全红清道时间

4.5.4 优化效果

京塘路26个路口在均衡控制的作用下，交通流量分摊到各个交叉口，有效解决了个别交叉口交通拥堵问题，减少旅行时间，提高整条道路的通行能力。

4.6 预案特勤控制

4.6.1 概述

特勤控制是针对公安交通中的特勤保卫任务的一种控制方式。特勤控制以

交通管理中各种等级的特勤、安保任务为主线,侧重特勤路线、特勤岗位、特勤车辆可视化设置,辅以信号控制、视频监控系统的协同工作,服务于特殊区域或路线、特定时间段的交通管理和综合保卫任务。

传统的特勤控制存在依赖人工保障、投入警力多、中心无法掌握路面情况、对周边交通影响大、现场人员凭经验、车队位置无法掌握等缺点。因此智能化的特勤控制逐渐成为特勤的发展方向,智能化的特勤控制是基于地理信息系统、全球定位系统、信号控制系统及视频监控系统开发出的一套控制系统。

针对特勤车辆特殊的通行需求,工程师根据不同的场景提前做好预案,制定特勤路线,结合视频检测器图像分析技术判断特勤车辆所属场景,调出预案,利用信号控制手段,合理智能地分配信号时长,在不锁定相位(即尽量不干扰社会车辆正常通行)的情况下,确保特勤车辆顺利通过,以智能化的科技手段实现了特勤控制的需求,保障了特勤车辆的顺畅出行。

4.6.2 实现方法

1) 特勤控制平台

特勤任务的创建包括路线的创建和任务的创建,在地图上点击有道路交通信号机的路口,系统自动取出道路交通信号机、摄像机,并且确定特勤车队的入口方向、出口方向、视频接车预置位,如图4-17所示。系统支持对选择的路口的道路交通信号机进行自由分组,当锁定任意一个路口道路交通信号机的相位时,该道路交通信号机所在的组将会同时锁定。如图4-18所示为特勤系统控制逻辑示意图。

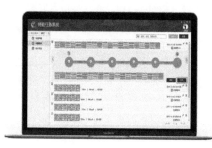

图 4-17 特勤控制

提供警卫任务基本信息的维护、特勤路线的规划、岗位部署(警力要求)的功能。特勤路线确定后,系统自动采集特勤任务起点、终点及路线长度,填写任务名称、开始时间、结束时间、到位时间、车队行驶平均速度。根据特勤任务的需求系

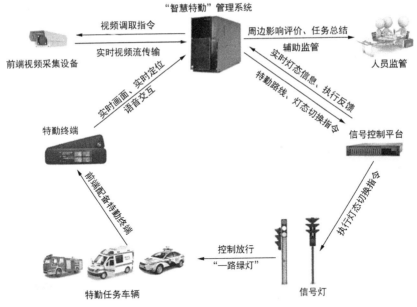

图 4-18 特勤系统控制逻辑示意图

统支持设置卫星定位系统前导车及单兵定位设备,用户通过交互界面完善特勤任务相关信息,完成任务创建的全过程登记。

2) 特勤路线制定

特勤路线的制定分为新建特勤路线和历史路线选用。

(1) 历史路线选用

从历史路线库中,将执行频率较高的路线呈现出来,推荐给用户,用户在制定快速特勤任务前,可以优先知道哪些路线常走,本次执行的任务是否需要经过该路线,若经过,可以直接复用路线,通过选用历史路线来直接启动新的快速特勤任务,填写任务名称、开始时间、结束时间、到位时间的信息,根据实际需求选择是否需要卫星定位系统前导车及单兵定位,即可完成任务创建,如图 4-19 所示。同时,系统支持历史路线复制,针对路线进行微调编辑后再创建新的快速特勤任务。若不复用,则可重新创建路线。

系统默认按照时间倒序方式排列历史特勤路线,并支持按照路线起点名称、终点名称、路线名称进行查询,查看特勤路线详情。

(2) 新建特勤路线

提供新路线的创建维护功能,用户可以根据实际需求,在地图上绘制快速特勤路线,如图 4-20 所示,通过划线或框选的方式选择有道路交通信号机的路口,系统自动匹配绘制方向道路,读取路口关联的信号机、摄像机,并且确定出特勤车

图 4-19　历史路线选用

队的入口方向、出口方向、视频接车预置位。用户还可以对选择的路口的道路交通信号机进行自由分组,锁定任意一个路口道路交通信号机的相位时,该道路交通信号机所在的组将会同时锁定。在绘制特勤路线过程中,系统支持对路线的修正,如删除路口、暂停绘制的操作。

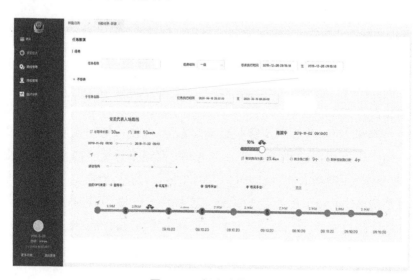

图 4-20　新建特勤路线

3)特勤路线配置

(1)路口资源配置

在绘制特勤路线过程中,系统自动对路口出入方向、路口关联摄像机、摄像机预置位、信号机锁定相位的信息进行设置,如图 4-21 所示。特勤路线绘制完成后,人工对路口资源配置信息进行逐项检查,修正不合理的配置,以确保配置信息准确无误。

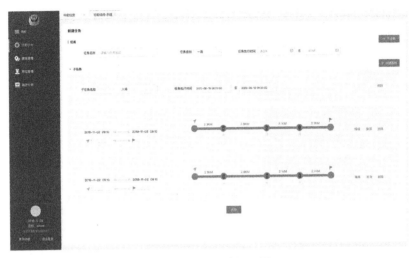

图 4-21　路口资源配置

(2) 路线设备巡检

路口资源配置完成后,对路线关联路口逐个进行检查,确认关联主摄像机、设置默认预置位是否存在异常,如图 4-22 所示。

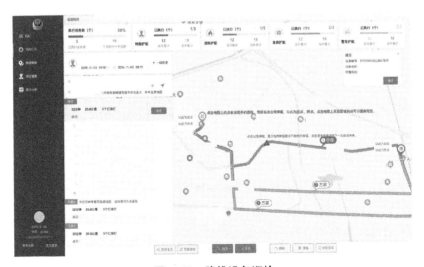

图 4-22　路线设备巡检

(3) 执行特勤任务

特勤任务的执行提供创建完成但未执行完毕的特勤任务列表,按照任务开始时间进行倒序排列,系统自动记录任务开始时间,任务超过 12 h 仍未执行将不在显示在列表中,如图 4-23 所示。

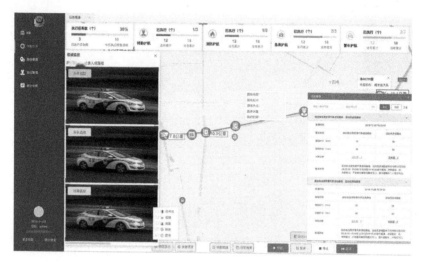

图 4-23 执行特勤任务

(4) 特勤统计

系统提供特勤任务执行次数和特勤路线使用次数的统计,如图 4-24 所示,支持详细结果导出,为用户针对特勤任务的决策及考核工作提供数据支撑。

特勤任务启动后,状态自动显示为"执行中",系统自动记录特勤路线累积使用的次数。

任务执行中,系统支持实时展示行进车队最近 4 个路口的信息,包含路口名称、实时视频、信号控制相位。通过实时视频掌握路口现场情况,通过信号控制锁定执行车辆通过路口的相位灯态。

当前路口信号机执行解锁后,系统自动切换车队行进的下一路口,支持手动切换,同时支持以不同颜色来标注车队通过的路口状态。

4) 警力资源管理系统

各级指挥中心需要进行日常警力管理,随时对执勤信息进行维护,从而实现对警力的精细化管理。系统将各业务警力资源的基本属性信息剥离出来进行统一管理,避免各业务系统重复维护,提高了系统的重用性。系统主要维护的警力资源包括移动警务 PDA(Personal Digital Assistant)、警棍、警用车辆、枪械、执法记

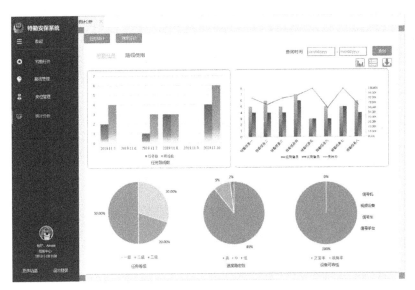

图 4-24 特勤统计

录仪以及工作站。

系统按照管理机构、使用人员来统计警力装备数量和使用情况,如图 4-25 所示。帮助用户了解本机构的警力资源配备情况,也可查询每个警员的警力装备配备情况。

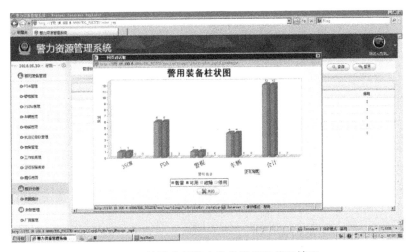

图 4-25 统计分析警力装备数量和使用情况

系统对厂商信息进行管理,主要管理信息包括厂商电话、负责人等,为资源设备的运维提供基础数据。

5）特勤终端 APP

特勤终端通过预装特勤 APP 软件，并根据中心特勤任务平台提供的警员/警车定位数据接入标准 webservice 协议，实现实时发送全球定位系统定位信息给特勤任务系统的功能。北京城市副中心信号控制应用特勤终端为 Android 操作系统，如图 4-26 所示，其基于 Java 的特勤终端后台实现每 3 s 向特勤任务系统推送位置信息；北京城市副中心信号控制应用终端支持与管理上限为 50 台。

图 4-26　特勤终端 APP

4.6.3　适用条件

预案特勤控制的适用条件包括：

a. 当发生大型事故时，民警和消防等部门的及时参与能最大限度降低伤亡和损失。

b. 在需要应急救援的情况下，帮助救援人员及车辆尽快到达事故发生地点，进而及时为受伤人员进行治疗。

c. 国际会议、重大集会、大型体育比赛等大型活动的开展，其重要参与人员的交通特勤需要得到保障。

4.6.4 案例介绍

在北京市城市副中心区域内,制定了多条预案特勤线路,以六里桥市场至潞河医院线路为例,如图 4-27 所示。特勤线路全长 2.5 km,共包含 9 个路口。此特勤线路制定是为保障六里桥市场重症病人乘坐救护车前往潞河医院急救中心进行抢救。

图 4-27　急救预案特勤线路示意图

指挥中心在接到潞河医院的保障请求后,迅速依靠特勤系统线路自动规划功能制定了最优线路,并在救护车接到病人以后,正式运行了特勤线路保障。最终实现了 9 个灯控路口全部不停车通过,总耗时 3min,有效解决了路途中的时间损耗,极大地保障了病人的生命安全。

4.6.5 优化效果

通过预案特勤控制的实战应用,特勤车辆通行变得更为通畅,大大减少了车辆在路口的等待时间,同时智能设备的使用,减少了路口的人力成本,实现了交通的智能化、现代化。

4.7 小结

本章介绍了路段交通信号控制的 5 种控制方式,以及每种控制方式的适用条件,结合通州区案例介绍了各控制方式的具体实施方案。通州区路口信号通过干线协调控制,路段平均行程车速提高 15.6%,新华西街、通胡大街、玉带河大街、芙蓉东路、东六环西侧路 5 条城市主干路平均旅行时间缩短 32.5%。其中新华西街、通胡大街一线改善效果最为突出,平均车速提升 48.1%,停车次数减少 56.2%。

5 中心平台控制

5.1 概述

交通信号中心控制系统作为城市智慧交通核心组成部分,其建设具体目标是提高交叉口通行效率、干线协调通行能力和路网交通均衡控制水平,减少交叉口冲突,提高行人过街安全性,提高道路安全性,并满足特殊条件下的控制需求(如特勤控制、公交优先控制、人工控制等),从而缓解城市交通拥堵、减少交通事故、保证道路安全畅通,同时提高交通管理的科技含量、科学化水平和工作效率。交通信号中心控制系统应用效果对交叉口的通行效率有较大的影响,也决定着人们对交叉口拥堵的感受,是影响城市交通出行顺畅的重要因素。交通信号中心控制系统作为智能交通领域的核心系统之一,也在逐步走向开放、多元化发展。北京城市副中心在对外场交通基础设备设施进行改造的同时,也部署了智能交通信号控制平台,以实现整体区域内信号控制设备的联网联控。

5.2 平台架构

交通信号控制中心系统采用路口控制层、区域控制层、中心控制层三级控制架构,如图 5-1 所示:

- 路口控制层:实现数据采集、控制信息发布、控制策略执行。
- 区域控制层:路口控制层与中心控制层通信控制。
- 中心控制层:中心业务操作和数据计算存储。

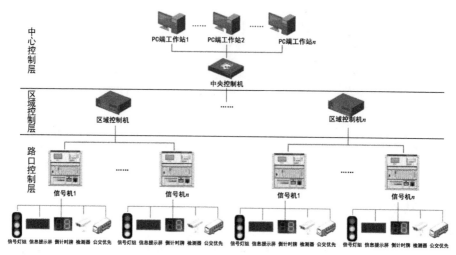

图 5-1　中心控制平台架构示意图

5.3　平台功能

5.3.1　区域通信控制服务

利用 CCU 服务器实现中心平台与信号机之间的通信控制，包括路口通信传输控制、路口数据解析存储、路口实时数据推送等。

5.3.2　系统运行监测

系统运行监测包括对系统总体运行情况和信号控制运行信息的监测，主要功能如下：

1）基于 GIS 地图的信号控制点位实时监测与检索查询

（1）GIS 地图基本功能

GIS 地图基本功能包括：

- GIS 基本显示：主要矢量图、比例尺要求、文字标注显示功能。
- GIS 基本操作：主要包括地图缩放、地图平移、地图区域选择功能。
- GIS 小工具：包括测距、框选、批量操作。

（2）路口控制状态实时监测

在 GIS 地图上根据控制点位地理分布进行展示，可区分展示路口手动控制、中心手动控制、特勤控制、感应控制、自适应控制、固定配时控制、信号机异常等不同状态。

(3) 路口检索

支持基于 GIS 地图的模糊检索和基于路口的列表树状图检索两种检索模式。

(4) 路口信号控制信息监测

可展示路口编号、名称、状态、渠化、IP 等基本信息及信号优先、排队控制、反溢控制、特勤控制等特殊控制模式的执行状态，可查看协调状态下的协调方案信息，并监测路口交通信号配时和交通运行评价结果，同时支持视频联动，可查看路口视频监控的实时画面。

2) 信号机运行状态实时监测统计

可实现对联网状态、信号机正常状态、检测器正常状态、手动控制状态、特勤控制状态、机柜环境状态、禁止现场手动状态的实时监测和数量统计，并支持查看、下载各类状态的点位表。

3) 系统运行告警

系统支持对设置允许提醒的告警信息进行弹窗告警，并在告警提示钟汇总显示最近 1 h 内新增告警数量和当日新增告警提示数，具体内容包括告警时间、告警类型、告警点位、告警级别、告警详情。其中告警类型包括信号机、信号灯、检测器、机柜环境、关联系统，同时支持设置弹窗提示屏蔽时间。同时，支持对信号机运行进行高风险预警。

5.3.3 交通信号控制

1) 固定配时控制

根据交通流运行规律，系统支持设定多时段定周期控制方案的固定配时控制，具体功能如下：

a. 支持固定配时方案中心设置，且支持中心交通信号管控平台与信号机之间方案互传通信。

b. 支持相位方案、日方案、周方案、特殊节假日方案设置。

c. 支持相位方案不低于 255 套，对相位方案支持设置相位周期、相位配时、相位黄灯时间、相位全红时间、机动车绿闪时间、行人绿闪时间、最短绿灯时间等配时参数。

d. 支持日方案不低于 20 套，每套日方案支持时段上限为 48 个。

e. 支持周方案不低于 48 套。

f. 支持节假日方案不低于 48 套。

g. 支持设置固定配时信号协调控制方案。

2）信号优先控制

"信号优先"指对公交车等特殊车辆在通行空间、通行时间上优先于其他车辆。信号优先控制可在不同程度上获得收益，如可减少信号优先车流的行程时间和停车次数，降低交叉口延误，提高服务水平等。系统支持基于车载通信和干接点检测两种方式来优先请求执行信号的控制策略，具体功能如下：

a. 支持优先相位绿灯时间延长。

b. 支持优先相位绿灯提前亮起。

c. 支持设定1个以上优先信号控制有效时段。

d. 通过参数配置保证信号优先不影响信号协调控制效果。

e. 通过参数配置保证非信号优先相位绿灯时间，限制非信号优先相位排队长度。

3）行人感应控制

对行人通行需求较低的路口，在满足行人过街需求的前提下尽量降低行人过街对机动车通行的影响，根据行人按钮等行人过街感应检测信号，系统提供行人感应控制功能，具体功能如下：

a. 支持设置行人绝对优先和相对优先感应控制这两种控制方式，在行人相对优先控制情况下，根据协调相位差来选择行人绿灯启亮的时机，保证行人过街不会影响干线上协调车辆的正常通行；在没有行人请求时，干线方向始终保持绿灯。在行人绝对优先控制下，根据行人过街请求最快响应行人过街需求，不考虑机动车通行协调效果。

b. 支持设置1个以上行人感应控制有效时段。

4）特勤控制

当举行一些重要的会议、展览等重大活动时，会有一些重要客人参加会议或参观游览。为了保证会议/活动的顺利进行，客人的顺利到场，需要制定特勤线路，使得这些客人能够及时赶到会场。系统支持特勤控制模式，实现对特勤车流的优先放行，并在系统中提示特勤执行信息。

5）紧急优先控制

信号机可以将硬件的IO输入信号作为紧急优先输入信号，在接收到信号后按照预设的优先方案进行控制，通过延迟、过渡、清道、驻留、退出几个阶段完成优先控制，达到对紧急车辆触发的优先控制。适用于消防、救护、抢险等单位车辆出口的优先感应控制。

6）中心手动控制

中心手动控制包括：锁相、跳相、全红、黄闪、关灯。

7) 特殊灯态

在固定配时控制、自适应控制和智能方案定制模式下，系统支持设定灯组的特殊灯态，包括以下五种灯态：

  a. 常规：执行原定配时方案。

  b. 常绿：保持灯态显示为绿色。

  c. 常红：保持灯态显示为红色。

  d. 黄闪：保持灯态为黄闪。

  e. 关灯：保持灯态为关灯。

5.3.4 数据分析

支持基于车流和检测器通道组合两种方式的检测数据、评价数据的统计查询功能，查询结果以图片或表格展示，可导出下载。其中检测数据包括流量、占有率、排队长度、车头时距、车头间距、平均行程车速；评价数据包括有效绿灯利用率、等灯次数、通行能力、饱和度。

5.3.5 运行记录

方案运行记录可展示所有路口的方案运行实时记录信息，包括路口编号、路口名称、路口状态、控制模式、特殊控制、方案运行时段等信息，并支持以时段、路口名称/编号、路口状态、特殊控制为搜索条件进行查询，可查看及导出各路口运行记录的详细图表信息，如图5-2所示。

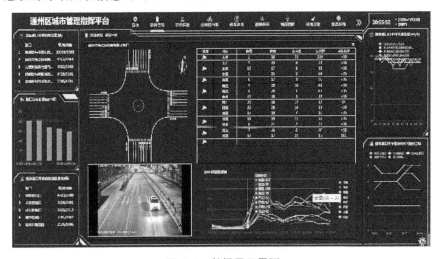

图5-2 数据展示界面

5.3.6 系统管理

(1) 点位及设备监管

路口渠化及交通信号控制配套设备设施信息是平台功能实现的基础,系统提供点位及设备监管功能以实现此类信息的建设维护,具体功能如下:

a. 对信号控制点位信息建档管理,可编辑的点位信息包括但不限于:进出口道、车道数量、上下游路段、标线、路口图片上传等。

b. 基于信号控制点位的交通检测设备、信号机、视频监控设备添加及通信配置。

c. 交通检测设备、信号机、视频监控设备运行状况实时监测及故障报警。

(2) 校时

系统提供自动和手动两种信号机校时方式,支持查看上一次自动/手动校时时间。用户可以自定义自动校时频率,或在选定路口后,向其下发手动校时指令。

(3) 地图中心点配置

系统提供各组织单位的中心点配置功能。用户可以通过地图点选的方式新增或修改单位中心点坐标,该中心点将在登录时默认显示。

(4) 服务监控

系统可对中心数据库服务、ES库服务、CCU服务、消息服务、地图服务状态进行实时监控,读取并显示各类服务的状态、IP、端口信息。

(5) 路网拓扑

系统可基于GIS地图展示各路口之间的路网拓扑关系,查看各路口点位信息、路段信息,并支持以起始路口、终止路口、路段等级为条件进行路段搜索和结果导出。

(6) 用户权限管理

系统采用用户账号密码登录管理模式,可以创建、编辑组织机构和用户,定义用户所属机构并为用户分配相应的功能权限和数据权限,实现用户权限灵活配置。

(7) 系统日志

系统支持告警日志、操作日志及信号机日志的记录、查询、导出功能。其中告警日志包括信号机、信号灯、检测器、机柜、服务器告警信息;操作日志包括所有用户的登录、注销、修改密码、新增、编辑、删除、查询、导出、上传、下载、手动、校时等操作的详细内容;信号机日志查询可完成对信号机所产生的运行日志的查询,包括3类日志:"信号机故障日志""信号机参数修改日志""当前控制策略修改日志"。通过查询信号机日志帮助用户快速查找故障、操作信息、控制策略执行情况等信息,可更准确地把握信号机的当前与历史运行状态。

(8) 其他

其他功能包括信号控制和设备安全管理的相关设置功能,具体包括:

a. 设置/更改信号机程序远程升级时间。

b. 对绿灯冲突、红灯故障、黄灯故障、绿灯故障、红黄同亮、红绿同亮、黄绿同亮、电源异常等故障,设置信号机灯态降级规则,可选项包括不处理、黄闪、关灯。

c. 设置手动操作时间上限,可选项有 10min、30min、1h、无上限。

d. 为接入信控系统的外场信号机批量设置外手动小门密码。

e. 设置信任账户,包括信号机屏幕账户和机柜门账户,以保证外场信号机使用安全。

5.4 小结

中心平台控制应用可集中远程控制区域内全部信号机,实现系统对于区域多种信号机的综合管控;同时在融合互联网浮动车分析数据基础上,打造具有高数据准确性和灵活配置能力的路口、干线及区域优化,提供平台交通状态监测评估、点线面交通信号自适应控制、方案优化设计及数据研判分析等功能。

6 自适应云算信号控制

6.1 概述

在城市交通管理中,交通信号控制是最重要的基础工作,而对动态交通流的管控是信号配时精细化必不可少的工作。科学的优化信号配时,能够提高信号控制路口的通行能力,缓解城市道路交通拥堵,是智慧城市建设的必要条件。

城市交通管理的本质是时空资源的优化分布问题。道路交叉口作为空间上的瓶颈点,多股交通流在此汇聚并相互竞争通行权,必须通过信号灯等设施在时间上分组分配来保障通行安全和通行效率,这就产生了交通信号控制。交通信号控制是交通管理中分布面最广、使用频率最高的措施,对于城市交通管理有着至关重要的作用。

从系统发展的角度,路口的信号控制系统大约可以归类为五个发展阶段。从单点控制到协调控制、感应协调控制、实时自适应控制,最后到智能网联交通控制。由于数据来源受固定检测器的限制,目前国内大多数地区的信号控制系统处于单点控制或协调控制阶段。随着交通数据的丰富,信号控制系统逐渐向感应协调控制与实时自适应控制发展,能够自动感应并协调更多路口,使信号控制变得越来越智能。

北京城市副中心以缓解城市交通拥堵问题为出发点,将传统交通数据与互联网交通数据相结合,融合大数据、人工智能等手段,运用集城市交通"体检""诊断""治疗"于一体的自适应云算信号优化平台,实时动态调整路口信号配时,匹配波动的流量特征,满足动态交通实时管控的需求。全面感知城市主干路、次干路、路口等交通场景的运行态势,实现路口、路段、区域三级的信号自适应优化控制,实时进行城市子区交通信号协调控制,提高现有信号控制系统的区域协同控制能力,实现城市路网流量均衡,提升交通运行效率。

6.2 自适应云算平台

6.2.1 数据融合

近年来我国蓬勃发展的移动互联网为交通检测提供了新的思路。互联网浮动车所包含的数据,都来源于对城市路网交通状态的一次次真实的抽样检测。源自车辆的移动检测数据覆盖面广且空间连续,因此每天数千万人的出行数据汇聚使得对交通状态的感知更加准确可靠。

固定点检测器和移动检测器是互补的。固定点检测器能够在固定的断面检测全部车辆的信息,而移动检测器虽然来自抽样车辆,但空间连续性和广域覆盖性更好。固定点检测器能够稳定地获取流量、占有率等指标,而移动检测器可以直接检测行程时间、速度、延误、停车次数等指标,如图6-1所示。

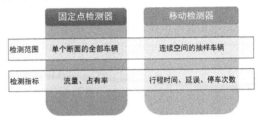

图 6-1 检测器对比

自适应优化平台是基于历史和实时的融合数据,进行"算""控"分离。针对常发性和偶发性问题,实现对大规模区域内信号系统的问题进行实时评估诊断,系统性和动态化地调整优化。该系统具有以下技术特点:

a. 系统以互联网浮动车轨迹数据为基础,融合传统检测设备检测数据,能够结合传统检测器与互联网浮动车轨迹数据的各自特点进行融合计算,互为补充。

b. 系统利用前沿的理论、先进的技术、智能的算法,有效检测识别交叉口的拥堵状态,及时提出优化方案,减少人工干预,缓堵效果显著。

c. 系统支持轻量化部署,采用云服务方式,上线快生效快,用户操作直观方便,具备很好的可复制性、兼容性和推广性。自适应云算平台核心功能示意如图6-2所示。

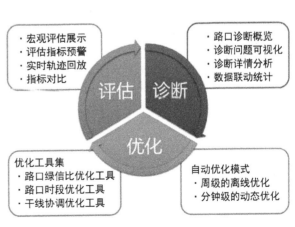

图 6-2 自适应云算平台核心功能示意图

6.2.2 平台功能

自适应云算平台的定位是将城市交通信号控制进行"算控分离",是城市交通"云管云服"的重要组成部分,辅助交管部门更高效地管理城市交通,缓解交通拥堵。系统通过对交通状态的实时监控,对交通问题的深入分析诊断,对控制优化方案的自动生成和下发,实现"评估—诊断—优化"的闭环迭代。系统主要包括信控评估、问题诊断、信号优化等三大核心功能。

1) 信控评估

自适应云算平台交叉口指标评估包含以下四个模块,分别为宏观评估展示、评估指标预警、实时轨迹回放、指标对比。

系统通过自动扫描车辆轨迹状态,可实时计算每个路口转向级的延误、停车次数、速度、排队长度等指标,并实时自动排名,以掌握城市宏观运行状态,如图6-3所示。当交叉口指标达到设置的阈值限制时,自动触发报警并且记录,方便查看拥堵问题点和持续时长,并可通过实时轨迹回放直观了解交通状态。全时段对比评价可实现各个指标的历史对比功能,能够自定义对比不同时间段,可以方便查看早高峰、晚高峰、平峰等关注时段的指标。

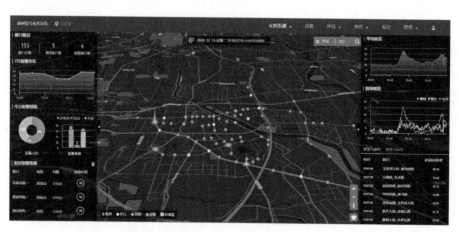

图6-3 系统信控评估

2) 问题诊断

问题诊断功能包括四个模块,分别是路口诊断概览、诊断问题可视化、诊断详情分析、数据联动统计。

问题诊断模块实现对全城各路口的宏观诊断,并通过GIS地图实现可视化效果展示,如图6-4所示。系统支持的诊断问题包括路口过饱和、路口反溢、路口空放等常见问题,并且能够根据置信区间进行分级显示。每个路口的诊断可以进行详情分析,了解与之相关的延误、排队等各类指标,并通过时空图和散点图分析路口的不同流向。针对诊断结果按照问题严重程度可以进行排序查看,可以查询路口一段时间内的历史趋势以及每天不同时段的严重程度。

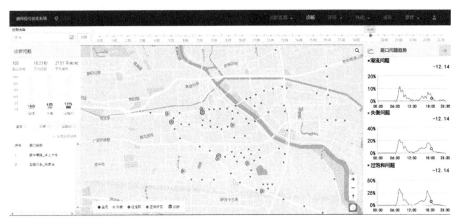

图 6-4　系统问题诊断

3) 信号优化

交叉口信号控制优化通过两种模式提供服务。第一种模式是自动优化模式,系统可以提供周级离线优化和分钟级动态优化两种频率的自动优化,最大程度上实现智能化、减轻人工负担。

周级离线优化将每周的不同时间段(如早高峰/晚高峰/平峰等)的数据汇聚,分析上一周的交通流状态是否有明显改变,判断现有的基本配时方案(即背景方案)是否匹配改变后的交通流状态,是否有优化的空间,并输出优化的配时方案,包括周期、相位差、绿信比等。离线优化主要解决常发拥堵问题以及长期的交通状态改变的问题,用户可以选择自动下发优化的配时方案或者人工审阅优化配时方案之后再下发。

分钟级的动态优化分为检测诊断、在线控制优化等模块。检测诊断模块不间断地计算各个路口的交通性能指标,一旦发现某个路口可能出现如过饱和或反溢等问题时,在系统界面上能够对该路口发出预警,并给出相应的信息。在线控制优化模块分为过饱和控制与反溢控制。过饱和控制基于轨迹数据解决信控交叉口绿信比分配失衡问题,即某交通流向绿灯时长不足而另一交通流向绿灯空放的现象;反溢控制解决子区内交叉口反溢问题,即车辆排队上溯到上游交叉口,出现路口内部停车的现象。动态优化主要解决偶发拥堵问题以及短期的交通状态变化的问题,用户可以选择自动下发优化的配时方案或者人工审阅优化配时方案之后再下发。

第二种模式是优化工具集模式,系统针对交叉口信号优化及控制的常见工作,提供专业的配时优化工具,如路口绿信比优化工具、路口时段优化工具、干线协调优化工具,并辅以真实的交通数据供专业人员决策。

通过工具可以快速完成路口的单点优化和干线绿波带优化工作,减少人力投入,提高优化效率。交叉口信号控制主要实现以下目标:路口均衡控制、绿波协调控制、红灯反溢防控和截流控制。系统在优化工具中提供交叉口不同转向的延误、停车次数等交通指标的平均值和散点图,辅助支持绿信比优化和时间段优化;提供干线双向轨迹通行时空图以及各个路段的双向通行平均速度,辅助支持干线协调优化。

信号自适应优化系统将根据历史信控运行和优化情况,出具不同时间尺度和区域范围的交通信号优化报告,展示路口、干线及区域的重要交通运行指数,如图6-5所示。

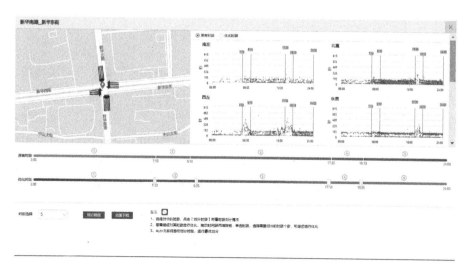

图 6-5　系统动态优化

6.2.3　应用场景

(1) 反溢路口

具有反溢现象的路口,如图 6-6 所示,可通过自适应优化平台,根据路段可容纳排队长度,在线合理地调节上下游路口绿灯时长,降低路口发生反溢的概率。

图 6-6　反溢路口示意图

(2) 失衡路口

具有失衡现象的路口,如图 6-7 所示,在某个方向绿灯时长没有被车辆有效利用,部分方向出现空放的情况,当路口绿灯的利用效率较低时,通过绿信比调控,提高路口信控效率。

图 6-7　失衡路口示意图

(3) 过饱和路口

具有过饱和现象的路口,如图 6-8 所示,某个方向绿灯时长不足,排队车辆无法在一个周期内清空时,通过对路口绿信比的调整,进行自适应优化的控制方式,降低车辆停等次数,提高路口通行能力。

图 6-8　过饱和路口示意图

（4）干线协调路段

由于相位差设置不合理而导致的路段交叉口不协调问题,平台通过浮动车停车位置数据,准确测量路段长度与路段平均车速,自动计算最优相位差,降低路段停车次数、旅行时间、延误时间,提高平均车速。

（5）均衡控制区域

对于具有特定进出区域道路的交叉口,可以通过对特定交叉口的绿信比控制,基于控制子区之间交通压力分布检测情况,自动生成子区之间交通信号控制方案,达到限制拥堵子区车流驶入并加快拥堵子区车流输出的控制效果。

6.3　案例介绍

自适应优化平台在北京市通州区的应用,使通州区玉带河大街与新华南路、新华南路与新华东街、玉带河东街与玉桥中路、新华大街与故城东路、玉带河东街与车站路等"老大难"路口的突发拥堵得以缓解,在开启自适应控制期间,工作日路口每天平均下发达到137次,早高峰平均停车延误降幅为8.99%,晚高峰的降幅为 7.37%,全天平均降幅 13.49%,早高峰过饱和比例降幅为 14.26%,晚高峰的过饱和比例降幅为 16.87%,如图 6-9～图 6-12 所示。

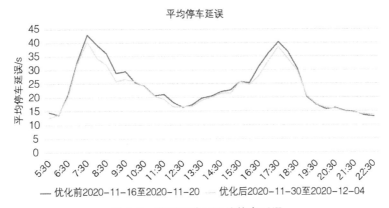

图 6-9　通州区路口平均停车延误

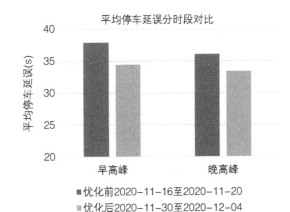

图 6-10　通州区路口平均停车延误对比

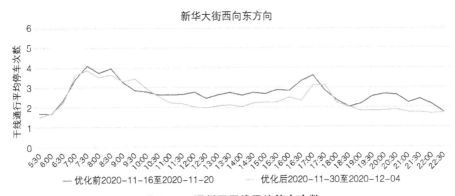

图 6-11　通州区干线平均停车次数

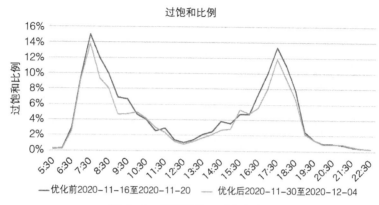

图 6-12　通州区路口过饱和比例

6.4　小结

本章主要介绍信号动态优化的软件系统——自适应云算平台,通过融合检测器和互联网数据,实时评估城市道路交叉口的信号配时情况,并根据动态的交通流量变化,实时调整与当前交通状态相匹配的信号控制方案,实现道路交通信号的主动自适应优化。而后,阐述了其在北京城市副中心的部署应用效果。

参考文献

[1] 成卫,别一鸣,陈昱光.城市交通信号控制技术[M].北京:科学出版社,2016.

[2] 卢凯.交通信号协调控制理论模型与方法[M].北京:人民交通出版社,2013.

[3] 袁振洲.道路交通管理与控制[M].北京:人民交通出版社,2007.

[4] 俞灏,刘攀,柏璐,等.考虑交通事件影响的动态交通信号控制策略[J].交通运输工程学报,2019,19(6):182-190.

[5] 马万经,林瑜,杨晓光.多相位信号控制交叉口行人相位设置方法[J].交通运输工程学报,2004,4(2):103-106.

[6] 周彤梅,杜亚勋.多相位信号控制的应用研究[J].中国人民公安大学学报(自然科学版),2003,8(4):47-51.

[7] 崔妍,刘东.北京市朝阳路可变车道交通组织研究[J].道路交通与安全,2006,7(9):21-24.

[8] 陈坚,霍娅敏.典型潮汐车流路段可变车道设置方案研究[J].重庆交通大学学报(自然科学版),2008,27(6):1127-1130.

[9] 杨秀峰,王栋,叶凯丰,等.基于反溢流控制的城市交叉口改善优化研究[J].公路,2017,62(12):182-187.

[10] 曹政,李华明,卓为,等.基于优先度规则的交叉口反溢流动态控制方法[J].交通信息与安全,2019,37(2):62-69.

[11] 李佳芯,张贵民.邯郸:借道左转"金点子"推动精细化管理[J].道路交通管理,2015(8):38-39.

[12] 徐良杰,王炜.信号交叉口行人过街时间模型[J].交通运输工程学报,2005,5(1):111-115.

[13] 王振华,陈艳艳,史建港,等.信号灯对路段行人过街的影响研究[J].交通标准化,2009,34(1):156-159.

[14] 邵娟,程琳.基于Synchro系统的干线绿波控制优化技术[J].公路交通科技,2013,30(9):116-121.

[15] 陈扶崑,吴中.区域高峰时段多向绿波控制策略[J].交通科技与经济,2008,10(1):87-90.

[16] 常玉林,张其强,张鹏.城市干线双向绿波控制优化设计[J].重庆理工大学学报(自然科学),2014,28(12):108-112.

[17] 曹俊业,李涛,陈秀锋,等.面向潮汐交通流的信号控制策略优化[J].青岛理工大学学报,2015,36(2):87-94.

[18] 柴干,赵倩,蒋珉.城市智能交通信号控制系统的设计与开发[J].浙江大学学报(工学版),2010,44(7):1241-1246.

[19] 李瑞敏,章立辉.城市交通信号控制[M].北京:清华大学出版社,2015.

[20] 周蔚吾.道路交通信号灯控制设置技术手册[M].北京:知识产权出版社,2009.

[21] 刘美莲.城市交通信号智能控制与仿真[M].南京:南京大学出版社,2011.

[22] 张雷元,吴晓峰,徐棱.城市交通信号一体化管理平台研究与应用[A]//中国智能交通协会.第六届中国智能交通年会暨第七届国际节能与新能源汽车创新发展论坛优秀论文集(上册)—智能交通[C].北京:中国智能交通协会,2011:461.

[23] 孙浩,陈春林,刘琼,等.基于深度强化学习的交通信号控制方法[J].计算机科学,2020,47(2):169-174.

[24] 关兵.城市交通自适应信号控制系统及应用[D].西安:西安交通大学,2002.

[25] 侯一鸣.行人过街自适应信号控制研究[D].西安:长安大学,2016.

[26] 赵梦彤.车联网环境下的交叉口自适应信号控制[J].工业控制计算机,2019,32(9):100-101.

[27] 陈珊珊.城市道路区域交通信号控制的动态子区划分[D].南京:东南大学,2016.

[28] 李水友,刘智勇.城市交通感应控制综述[J].城市交通,2006,4(6):64-69.

[29] 翟润平.交通感应控制的信号配时设计方法研究[J].中国人民公安大学学报(自然科学版),1998,3(3):43-46.

[30] 陈振起,陈绍宽,林琳,等.交叉口行人二次过街信号相位设计与仿真研究[J].交通运输系统工程与信息,2007,7(4):57-65.